Desde el Corazón de Amma

Conversaciones con
Sri Mata Amritanandamayi

Mata Amritanandamayi Center, San Ramon
California, Estados Unidos

Desde el corazón de Amma

Conversaciones con Sri Mata Amritanandamayi
Traducidas y escritas por Swami Amritaswarupananda

Publicado por:
Mata Amritanandamayi Center
P.O. Box 613
San Ramon, CA 94583
Estados Unidos

———————————— *From Amma's Heart (Spanish)* ————————————

Primera edición por MA Center: septiembre de 2016

En España: www.amma-spain.org
fundación@amma-spain.org

En la India:
inform@amritapuri.org
www.amritapuri.org

*Este libro se ofrece a los pies de loto
de nuestra muy amada Amma,
fuente de toda belleza y amor.*

Contenido

Aum Amriteswaryai Namah

Prólogo

Sin la comunicación verbal, la existencia humana sería desdichada. Intercambiar ideas y compartir emociones forman parte de la vida misma. Sin embargo, es el silencio que surge de la meditación y la oración lo que realmente nos ayuda a encontrar paz y auténtica felicidad en este ruidoso mundo de diferencias conflictivas y competición.

En la vida cotidiana normal tenemos que interactuar y comunicarnos en muchas situaciones, por lo que resulta difícil observar silencio. Y aunque nuestro entorno favorezca la quietud, no es tan fácil permanecer en silencio. Es algo que incluso puede enloquecer a los seres humanos corrientes. Sin embargo, el silencio gozoso es la verdadera naturaleza de seres divinos como Amma.

Al observar cómo se desenvuelve Amma en diversas situaciones y con personas de todo el mundo, he constatado la gracia y la perfección con que pasa de una actitud a otra. En un momento dado es la maestra espiritual suprema, y al momento siguiente la madre compasiva. A veces adopta la actitud de una niña y en otras ocasiones la de una administradora. Tras aconsejar a importantes directivos, reconocidos científicos y líderes políticos mundiales, se levanta sin más y se dirige a la sala del darshan, en donde recibe y consuela a miles de sus hijos de toda condición. Generalmente, Amma dedica todo el día -y la mayor parte de la noche- a reconfortar a sus hijos, escucharlos, enjugar sus lágrimas, infundirles fe, confianza y fuerza. Y en todo momento, permanece en su natural estado de serenidad. Nunca se cansa. Nunca se queja. Su rostro resplandece siempre con una radiante sonrisa. Amma es un ser extraordinario bajo una forma ordinaria y dedica cada momento de su vida a los demás.

¿Qué es lo que hace a Amma distinta de nosotros? ¿Cuál es el secreto? ¿De dónde proceden su energía y poder infinitos? La presencia de Amma desvela estas cuestiones de un modo bien claro y tangible. Sus palabras lo corroboran: "La belleza de vuestras palabras, el encanto de vuestras acciones, la gracia de vuestros movimientos, todo depende del grado de silencio que hayáis creado en vuestro interior. Los humanos tienen la capacidad de profundizar cada vez más en ese silencio. Cuando más profundicéis, más cerca estaréis del Infinito".

Ese silencio profundo es la esencia misma de la existencia de Amma. El amor incondicional, la increíble paciencia, la extraordinaria gracia y pureza; todo lo que Amma encarna son prolongaciones del inmenso silencio en el que ella se deleita.

Hubo un tiempo en el que Amma no hablaba como lo hace ahora. Una vez, cuando le preguntaron sobre esta cuestión, dijo: "Aunque Amma hablara, no entenderíais nada". ¿Por qué? Porque, ignorantes como somos, no podemos llegar a captar la experiencia supremamente elevada y sutil en la que está establecida. Entonces, ¿por qué habla ahora? Es mejor explicarlo con sus propias palabras: "Si nadie guía a quienes buscan la Verdad, puede que abandonen el camino al pensar que no existe el estado de realización del Ser".

De hecho, las grandes almas como Amma preferirían permanecer en silencio más que hablar sobre la realidad que hay detrás de este mundo objetivo de acontecimientos. Amma sabe muy bien que cuando se expresa con palabras esa Verdad, inevitablemente se distorsiona, y que nuestra mente limitada e ignorante la interpretará incorrectamente, de la forma que menos incomode a nuestro ego. A pesar de eso, esta encarnación de la compasión nos habla, responde a nuestras preguntas y aclara nuestras dudas, sabiendo muy bien que nuestra mente no hará sino generar más y más preguntas confusas. Su paciencia y su puro amor por la humanidad son los que la hacen seguir respondiendo a nuestras tontas preguntas. Y no dejará de hacerlo hasta que nuestra mente encuentre también ese silencio lleno de dicha.

En las conversaciones recogidas en este libro, Amma, la Maestra Suprema, hace descender Su mente al nivel de sus hijos, ayudándoles a vislumbrar la realidad inmutable que es el sustrato de este mundo cambiante.

He estado recopilando estas perlas de sabiduría desde 1999. Casi todas las conversaciones y las hermosas anécdotas recogidas aquí fueron anotadas durante las giras de Amma por Occidente. Sentado junto a Ella durante su darshan, he tratado de escuchar las dulces y divinas melodías de Su corazón, que está siempre dispuesta a compartir con sus hijos. No resulta fácil captar la pureza, la simplicidad y la profundidad de las palabras de Amma. Es algo que claramente supera mis capacidades. Sin embargo, por el puro mérito de su infinita compasión, he sido capaz de recopilar estas divinas declaraciones y de reproducirlas aquí.

Como la misma Amma, sus palabras tienen una dimensión más profunda que es inmediatamente evidente; un aspecto infinito que la mente humana no es capaz de captar. Tengo que confesar mi propia incapacidad para comprender plenamente y apreciar el significado más profundo de las palabras de Amma. Nuestra mente, perdida en el mundo trivial de los objetos, no puede empezar a captar siquiera ese estado más elevado de la conciencia desde el que Amma habla. Tengo la profunda convicción de que las palabras de Amma contenidas en este libro son muy especiales y, de algún modo, diferentes a las que se pueden encontrar en libros anteriores.

Mi más ardiente deseo ha sido seleccionar y presentar las bellas e informales charlas de Amma con sus hijos. He tardado cuatro años en reunirlas. Dentro de ellas está contenido el universo entero. Estas palabras proceden de las profundidades de la conciencia de Amma. Por lo tanto, inmediatamente por debajo de su superficie se encuentra ese silencio dichoso que es la auténtica naturaleza de Amma. Poned sentimiento al leerlas. Al reflexionar y meditar sobre ese sentimiento, las palabras revelarán su significado profundo.

Apreciados lectores, estoy seguro de que el contenido de este libro enriquecerá y reforzará vuestra búsqueda espiritual, aclarará vuestras dudas y purificará vuestra mente.

Swami Amritaswarupananda

El propósito de la vida

Pregunta: Amma, ¿cuál es el propósito de la vida?

Amma: Depende de tus prioridades y de cómo veas la vida.

Pregunta: Me interesa saber cuál es el "verdadero" propósito de la vida.

Amma: El verdadero propósito es llegar a experimentar aquello que está más allá de la existencia física.

Sin embargo, cada uno ve la vida de un modo distinto. La mayoría de los seres humanos ve la vida como una lucha constante por la supervivencia. Esas personas creen en la teoría de que "el más capacitado sobrevivirá". Se sienten satisfechos con un modo de vida normal; por ejemplo tener una casa, un trabajo, un coche, una esposa o un marido, hijos y suficiente dinero para vivir. Sí, esas cosas son importantes, y necesitamos centrarnos en nuestra vida diaria y asumir nuestras responsabilidades y obligaciones, tanto grandes como pequeñas. Pero la vida es algo más que eso, tiene un propósito más elevado, que es llegar a conocer y realizar lo que somos.

Pregunta: Amma, ¿qué se consigue sabiendo quiénes somos?

Amma: Todo. Un sentimiento de completa plenitud, de que no hay absolutamente nada más que conseguir en esta vida. Alcanzar esa comprensión hace que la vida sea perfecta.

Independientemente de todo lo que hayamos acumulado o nos esforcemos por adquirir, la mayoría de la gente siente que la vida sigue estando incompleta, como la letra "C". Este vacío o ausencia siempre estará presente. Únicamente el conocimiento espiritual y la realización del Ser [Atman] pueden llenar ese vacío y unir los dos extremos, haciendo que la letra "C" se convierta en una "O". Sólo el conocimiento de Eso nos ayudará a sentirnos bien asentados en el verdadero centro de la vida.

Pregunta: En ese caso, ¿qué pasa con las obligaciones con las que la gente tiene que cumplir?

Amma: Seamos lo que seamos y hagamos lo que hagamos, las obligaciones que cumplimos en el mundo deben ayudarnos a alcanzar el dharma supremo, que es la unidad con el Ser Universal. Todos los seres vivos son uno porque la vida es una, y la vida solo tiene un propósito. A causa de la identificación con el cuerpo y la mente, se puede pensar: "Mi dharma no es buscar el Ser y alcanzar la Realización del Ser; mi dharma es trabajar como músico, actor u hombre de negocios". Está bien si uno lo siente así. Sin embargo, nunca encontraremos la plenitud si no dirigimos nuestra energía hacia la meta suprema de la vida.

Pregunta: Amma, dices que el propósito de la vida para todos es la realización del Ser. Pero no lo parece, pues la mayoría de la gente no la alcanza y ni siquiera lo intenta.

Amma: Eso es porque la mayoría de la gente no tiene comprensión espiritual. Es lo que se conoce como maya, el poder ilusorio del mundo que oculta la Verdad y distancia de ella a la humanidad.

Tanto si somos conscientes de ello como si no, el verdadero propósito de la vida es alcanzar la divinidad interior. Hay muchas cosas que tal vez no conozcas en tu presente estado mental. Es infantil decir: "Todas esas cosas no existen porque no soy consciente de ellas". A medida que se sucedan las situaciones y experiencias, se iniciarán fases de la vida nuevas y desconocidas que te acercarán cada vez más a tu propio Ser Verdadero. Sólo es cuestión de tiempo. Para algunos esta realización puede haberse dado ya, para otros sucederá en cualquier momento, y habrá otros que la alcanzarán más adelante. Sólo porque no te haya sucedido todavía o porque puede incluso que no ocurra en esta vida, no pienses que no va a ocurrir nunca.

Dentro de ti, un inmenso conocimiento está aguardando tu permiso para desarrollarse. Pero no ocurrirá si tú no lo permites.

Pregunta: ¿Quién debería permitirlo? ¿La mente quizás?

Amma: Todo tu ser: la mente, el cuerpo y el intelecto.

Pregunta: ¿Es cuestión de comprensión?

Amma: Es una cuestión de comprender y de hacer.

Pregunta: ¿Cómo podemos desarrollar esa comprensión?

Amma: Desarrollando humildad.

Pregunta: ¿Por qué es tan buena la humildad?

Amma: La humildad te hace receptivo a todas las experiencias sin juzgarlas. De ese modo aprendes más.

No es sólo cuestión de comprensión intelectual. Hay muchas personas en el mundo que tienen información espiritual más que suficiente en la cabeza. Sin embargo, ¿cuántos de ellos son realmente espirituales y se esfuerzan sinceramente por alcanzar la Meta o por conseguir siquiera una comprensión más profunda de los principios espirituales? Muy pocos, ¿verdad?

Pregunta: Entonces, Amma, ¿cuál es el verdadero problema? ¿Es la falta de fe o la dificultad de salir de nuestra cabeza?

Amma: Si tienes auténtica fe, entonces desciendes automáticamente al corazón.

Pregunta: ¿Es la falta de fe entonces?

Amma: ¿Tú que crees?

Pregunta: Sí, es la falta de fe. Pero ¿por qué dijiste "descender al corazón"?

Amma: Hablando desde un punto de vista físico, la cabeza es la parte superior del cuerpo. Para ir desde allí hasta el corazón, hay que descender. Sin embargo, desde un punto de vista espiritual, se trata de elevarse y de volar bien alto.

Ten paciencia porque
eres un paciente

Pregunta: ¿Cómo se puede conseguir verdadera ayuda de un Satguru [Maestro Verdadero]?

Amma: Para recibir ayuda, primero tienes que aceptar que eres un paciente y, por tanto, tener paciencia.

Pregunta: Amma, ¿Tú eres nuestro médico?

Amma: Ningún buen médico irá por ahí anunciándose: "Soy el mejor médico. Venid que yo os curaré". Aunque un paciente tenga el mejor doctor, si el paciente no tiene fe en él o en ella, el tratamiento no podrá ser muy eficaz.

Al margen del tiempo y el lugar, todas las operaciones que se desarrollan en el teatro de la vida son realizadas por Dios. Has visto a los cirujanos colocarse una mascarilla mientras operan. En ese momento nadie los reconoce. Pero detrás de la mascarilla está el médico. Del mismo modo, bajo la superficie de todas las experiencias de la vida está el rostro compasivo de Dios o del Guru.

Pregunta: Amma, ¿eres implacable con tus discípulos a la hora de eliminar su ego?

Amma: Cuando un médico opera y elimina la parte cancerosa del cuerpo de un paciente, ¿consideras esa acción implacable? En ese sentido Amma también es implacable, por decirlo de algún modo. Pero Ella sólo tocará sus egos si sus hijos cooperan.

Pregunta: ¿Qué haces para ayudarlos?

Amma: Amma ayuda a Sus hijos a ver el cáncer del ego, las debilidades internas y las cosas negativas, y hace que les sea más fácil eliminarlas. Eso es verdadera compasión.

Pregunta: ¿Los consideras Tus pacientes?

Amma: Es más importante que ellos se den cuenta de que son pacientes.

Pregunta: Amma, ¿a qué te refieres con la "cooperación del discípulo"?

Amma: A la fe y el amor.

Pregunta: Amma, esta es una pregunta tonta, pero no puedo evitar hacértela. Por favor, perdóname si soy demasiado tonto.

Amma: Adelante, pregunta.

Pregunta: ¿Qué porcentaje de éxito tienes en Tus operaciones?

Amma se ríe y golpea suavemente la cabeza del devoto.

Amma: (todavía riendo) Hijo, las operaciones que tienen éxito son muy raras.

Pregunta: ¿Por qué?

Amma: Porque el ego no deja a la mayoría de las personas cooperar con el médico. No permite que el médico haga un buen trabajo.

Pregunta: (traviesamente) ¿Acaso no eres Tú el médico?

Amma: (en inglés) No lo sé.

Pregunta: De acuerdo, Amma, pero ¿cuál es la condición fundamental para que una operación así tenga éxito?

Amma: Una vez que el paciente está en la mesa de operaciones, lo único que puede hacer es permanecer tranquilo, tener fe en el médico y dejarse llevar. Hoy en día, hasta para una pequeña operación los médicos anestesian a los pacientes. Nadie quiere sentir dolor. La gente prefiere estar inconsciente a quedarse despierta cuando tiene que sufrir dolor. La anestesia, tanto si es local como general, hace que el paciente no sea consciente de lo que ocurre. Sin embargo, cuando un Maestro o Maestra Verdadero trabaja en ti, en tu ego, prefiere hacerlo mientras estás consciente. La intervención del Divino Maestro elimina el ego canceroso del discípulo. Todo el proceso resulta más fácil si el discípulo puede estar bien dispuesto y consciente.

El verdadero significado
de dharma

Pregunta: Las distintas personas explican el dharma de distintas maneras. Resulta confuso tener tantas interpretaciones de un solo término como es dharma. Amma, ¿cuál es el verdadero significado de dharma?

Amma: El auténtico significado de dharma sólo se esclarece cuando experimentamos a Dios como nuestra fuente y nuestro soporte. No puede encontrarse en las palabras ni en los libros.

Pregunta: Ese sería el dharma supremo, ¿no es así? ¿Pero cómo podemos encontrar un significado que se ajuste a nuestra vida cotidiana?

Amma: Es una revelación que cada uno de nosotros recibe al pasar por diversas experiencias de la vida. Para algunas personas, esta revelación se da muy rápidamente. Encuentran de inmediato el camino y la acción correctos. Para otros es un proceso lento. Tendrán que pasar por diversas etapas de ensayo y error hasta llegar a un punto de su vida en el que puedan empezar a desempeñar su dharma en este mundo. Eso no quiere decir que lo que hayan hecho en el pasado no sirva de nada. No, este proceso habrá enriquecido su experiencia, y con ello también habrán aprendido algunas lecciones, si permanecen abiertos.

Pregunta: Llevar una vida familiar normal, afrontando los retos y problemas de un cabeza de familia, ¿no es un obstáculo para el despertar espiritual?

Amma: No, si mantenemos la realización del Ser como nuestro objetivo supremo en la vida. Si esa es nuestra meta, buscaremos la forma de que todos nuestros pensamientos y acciones nos ayuden a conseguirla ¿verdad?. Seremos siempre conscientes de nuestro verdadero destino. Una persona que viaja de un lugar a otro puede hacer varias paradas para tomar un té o para comer, pero siempre volverá a su vehículo. Hasta cuando hace estas pequeñas paradas es consciente de su destino original. Del mismo modo, en la vida podemos detenernos muchas veces para hacer distintas cosas. Pero no debemos olvidarnos de volver a embarcar en el vehículo que nos lleva por el camino espiritual y permanecer sentados con el cinturón bien abrochado

Pregunta: ¿"El cinturón bien abrochado"?

Amma: Sí. Cuando volamos, las bolsas de aire pueden crear turbulencias y hacer que el viaje a veces sea un poco agitado. Hasta cuando viajamos por carretera puede haber accidentes. Por tanto, siempre es mejor ser precavidos y adoptar ciertas medidas de seguridad. De modo parecido, en el viaje espiritual no podemos descartar las situaciones que puedan causarnos trastornos emocionales y mentales. Para salvaguardarnos de tales circunstancias, debemos escuchar al Satguru [Maestro Verdadero], observar una disciplina y las normas de la vida. Esos son los cinturones por lo que respecta al viaje espiritual.

Pregunta: Así, hagamos el trabajo que hagamos, no debería distraernos de nuestro dharma supremo, que es la realización de Dios. Amma, ¿es eso lo que quieres decir?

Amma: Sí. Para los que quieran seguir una vida de contemplación y meditación, este fuego del anhelo debe seguir ardiendo en su interior.

El significado de dharma es "lo que sostiene". Lo que sostiene la vida y la existencia es el Atman [Ser]. Por tanto, dharma, que se suele utilizar comúnmente como "el deber personal" o el camino que uno debería seguir en el mundo, en último término se refiere a la realización del Ser. En este sentido, sólo los pensamientos y acciones que sirven de apoyo a nuestra evolución espiritual pueden llamarse dharma.

Las acciones realizadas en el momento adecuado, con la actitud adecuada y del modo adecuado son dhármicas. Realizar este tipo de acción correcta nos ayuda a purificar la mente. Tanto si eres ejecutivo, chofer, carnicero o político; sea cual sea tu trabajo, si lo llevas a cabo como tu dharma, como un medio para llegar a moksha [liberación], tus acciones se vuelven sagradas. Así es cómo las gopis [esposas de pastores] de Brindavan, que se ganaban la vida vendiendo leche y mantequilla, llegaron a estar tan cerca de Dios que, al final, alcanzaron la meta de la vida.

El Amor y amor

Pregunta: Amma, ¿cuál es la diferencia entre amor y el Amor?

Amma: La diferencia entre amor y el Amor es la misma que hay entre los seres humanos y Dios. La naturaleza de Dios es Amor y la de los seres humanos es amor.

Pregunta: Pero el Amor también es la verdadera naturaleza de los seres humanos ¿no?

Amma: Sí, si uno llega a comprender esa verdad.

Consciencia y conciencia

Pregunta: Amma, ¿qué es Dios?

Amma: Dios es pura consciencia; Dios es pura conciencia.

Pregunta: ¿Es lo mismo consciencia y conciencia?

Amma: Sí, es lo mismo. Cuanta más conciencia adquieres más consciente te vuelves, y viceversa.

Pregunta: Amma, ¿cuál es la diferencia entre la materia y la conciencia?

Amma: Una es el exterior y la otra el interior. Lo exterior es la materia y lo interior es la conciencia. Lo exterior es cambiante, y lo interior, la morada del Atman [el Ser], es inmutable. La presencia del Atman es la que anima e ilumina todas las cosas. El Atman tiene luz propia, mientras que la materia no. Sin la conciencia no podemos conocer la materia. Sin embargo, cuando has trascendido todas las diferencias, lo ves todo impregnado de pura conciencia.

Pregunta: "Más allá de todas las diferencias", "todo está impregnado de pura conciencia": Amma, tú siempre utilizas bellos ejemplos. ¿Podrías darnos algún ejemplo para que podamos visualizar esta cuestión?

Amma: (sonriendo) Miles de esos bellos ejemplos no impedirán que la mente siga repitiendo la misma pregunta. Sólo la pura experiencia aclarará todas las dudas. Pero si el intelecto se siente un poco más satisfecho con un ejemplo, Amma no tiene ningún inconveniente.

Es como estar en un bosque. Cuando estás en el bosque, ves los diferentes tipos de árboles, plantas, arbustos en toda su diversidad. Pero si sales del bosque y miras atrás mientras te alejas, verás que todas las diferencias entre árboles y plantas van desapareciendo gradualmente, hasta que al final lo ves todo como un solo bosque. Del mismo modo, a medida que trasciendes la mente, sus limitaciones en forma de deseos triviales y todas las diferencias creadas por el sentimiento de "yo" y "tú" van desapareciendo. Entonces empiezas a sentirlo todo como el Ser único.

La conciencia siempre es

Pregunta: Si la conciencia está siempre presente, ¿hay alguna prueba convincente de su existencia?

Amma: Tu propia existencia es la prueba más convincente de la conciencia. ¿Puedes negar tu propia existencia? No, porque aunque la negaras eso sería una prueba de que existes, ¿verdad? Imagina que alguien te preguntara: "Eh, ¿estás ahí?" y tú le respondieras: "No, no estoy." Incluso esa respuesta negativa sería una clara evidencia de que efectivamente estás ahí. No necesitas afirmarlo. Basta con rechazarlo y ya lo estás probando. Por tanto, ni siquiera puede dudarse del Atman [Ser].

Pregunta: Si es así, ¿por qué es tan difícil llegar a experimentarlo?

Amma: "Lo que es" solo puede ser experimentado cuando somos conscientes de ello. De otro modo, sigue siendo desconocido para nosotros aunque exista. Simplemente no conocemos la verdad de lo que está ahí. La ley de la gravedad existía antes de ser descubierta. Una piedra lanzada hacia arriba siempre tendrá que caer de nuevo. Del mismo modo, la conciencia está siempre presente en nosotros, y lo está ahora en este preciso instante aunque no seamos conscientes de ello. De hecho, solo el instante presente es real, pero para experimentarlo necesitamos una nueva visión, nuevos ojos e incluso un nuevo cuerpo.

Pregunta: ¿"Un nuevo cuerpo"? ¿Qué quieres decir con eso?

Amma: No significa que el cuerpo que tú tienes vaya a desaparecer. Parecerá el mismo, pero experimentará un cambio sutil, una transformación. Porque sólo así podrá contener una conciencia en continua expansión.

Pregunta: ¿Qué significa una conciencia en expansión? Los Upanishads afirman que el Absoluto es purnam [siempre completo]. Los Upanishads dicen: "Purnamada purnamidam..." ["Esto es el todo, aquello es el todo..."]; así que no entiendo cómo la conciencia, que ya es perfecta, puede crecer.

Amma: Es bien cierto. Sin embargo, a nivel individual o físico, el aspirante espiritual experimenta una conciencia en expansión. La shakti total [energía divina] es, desde luego, inmutable. Aunque desde un punto de vista vedántico [relativo a la filosofía espiritual hinduista de no-dualismo] no hay viaje espiritual, para el individuo existe lo que se conoce como viaje hacia el estado de perfección. Una vez alcanzas la Meta, también te das cuenta de que todo el proceso, incluido el viaje, ha sido irreal, pues siempre has estado ahí, en ese estado, nunca alejado de él. Pero hasta que se dé esta realización final, hay una expansión de la consciencia y la conciencia en función del progreso del sadhak [aspirante espiritual].

Por ejemplo, ¿qué sucede cuando se saca agua de un pozo? El pozo recupera de inmediato el agua del manantial que hay debajo de él. Ese manantial mantendrá el pozo lleno. Cuanta más agua saques, más agua brotará del manantial. Así podrías decir que el agua del pozo siempre crece. El manantial es una fuente inagotable. El pozo está lleno y sigue lleno porque está eternamente conectado al manantial. El pozo sigue volviéndose perfecto. Sigue en expansión.

Pregunta: (tras un silencio pensativo) Es muy gráfico, pero todavía me parece complicado.

Amma: Sí, la mente se niega a entenderlo. Amma lo sabe. Lo más fácil resulta lo más difícil. Lo más simple sigue siendo lo más complejo. Y lo más cercano parece lo más lejano. Seguirá siendo un enigma hasta que realices el Ser. Por eso los Rishis [antiguos sabios] describieron el Atman como "lo que está más lejos que lo más alejado y más cerca que lo más cercano".

Hijos, el cuerpo humano es un instrumento muy limitado. No puede contener la conciencia ilimitada. Sin embargo, como el pozo, una vez que se conecta con la fuente eterna de la shakti, nuestra conciencia se mantendrá en expansión dentro de nosotros. Una vez se alcanza el estado definitivo de samadhi [el estado natural de permanencia en el Ser], la conexión entre el cuerpo y la mente, entre Dios y el mundo, empezará a funcionar en perfecta armonía. De este modo, no hay crecimiento, no hay nada. Permaneces en unidad con el océano infinito de la conciencia.

Ninguna pretensión

Pregunta: Amma, ¿tienes alguna pretensión?

Amma: ¿Pretensión de qué?

Pregunta: De ser una encarnación de la Madre Divina o una Maestra que ha alcanzado la realización suprema o algo por el estilo.

Amma: Piensas que el presidente o el primer ministro de algún país van anunciando dondequiera que van: "¿Sabéis quién soy? Soy el primer ministro o el presidente." No lo hacen, pues son lo que son. Incluso afirmar que eres un Avatar [Dios descendido en forma humana] o un ser autorrealizado implica ego. De hecho, si alguien se auto- proclama una Encarnación, una Alma Perfecta, eso en sí mismo es la prueba de que no lo es.

Un Maestro Perfecto no tiene ese tipo de pretensiones. Ellos siempre son un ejemplo para el mundo por su humildad. Recordad que la auto-realización no te hace especial. Te hace humilde.

Para pretender que eres algo no necesitas haber alcanzado la auto-realización ni poseer ninguna habilidad especial. Lo único que hay que tener es un gran ego, falso orgullo. Eso es lo que no tiene un Maestro Perfecto.

La importancia del Guru en el camino espiritual

Pregunta: ¿Por qué se le da tanta importancia al Guru en el camino espiritual?

Amma: Vamos, dile a Amma si hay algún camino o actividad que puedas aprender sin la ayuda de un profesor o un guía. Si quieres aprender a conducir, necesitas que te enseñe un conductor experimentado. Un niño necesita que le enseñen a atarse los cordones de los zapatos. ¿Y cómo vas a aprender matemáticas sin un profesor? Hasta un carterista necesita un profesor que le enseñe el arte de robar. Si los profesores son indispensables en la vida corriente, ¿no serán mucho más necesarios en el camino espiritual, que es sumamente sutil?

Si quieres ir a un lugar alejado, tal vez te convenga comprar un mapa. Pero por muy bien que estudies el mapa, si te diriges a un lugar totalmente extraño, desconocido, no sabrás nada de ese lugar hasta que realmente llegues allí. Tampoco el mapa te dirá mucho sobre el viaje mismo, sobre los baches y curvas del camino, ni sobre los peligros que puedes encontrar. Por lo tanto, es mucho mejor que te guíe alguien que haya completado el viaje, alguien que conozca el camino por experiencia propia.

¿Qué sabes del camino espiritual? Es un mundo y un camino totalmente desconocido. Tal vez hayas reunido alguna información a través de libros o de personas. Pero cuando llega el momento de hacerlo de verdad, de experimentar una parte de él, es absolutamente necesaria la dirección de un Satguru [Maestro Verdadero].

El toque sanador de Amma

Un día, un coordinador de la gira europea llevó a una joven a Amma. La mujer lloraba desconsoladamente. Me dijo que "tenía que contarle una historia muy triste a Amma". Derramando lágrimas le dijo a Amma que su padre había abandonado el hogar cuando ella sólo tenía cinco años. De niña solía preguntarle a su madre por el paradero de su padre, pero su madre nunca le decía nada bueno de él, porque su relación había sido muy mala. Con los años, la curiosidad de la joven por su padre se extinguió gradualmente.

Hacía dos años, veinte años después de la desaparición de su padre, la madre de la joven había muerto. Al revisar las pertenencias de su madre, le sorprendió encontrar la dirección de su padre en una de sus viejas agendas. Pronto consiguió su número de teléfono y, sin poder contener su emoción, lo llamó inmediatamente. La felicidad del padre y de la hija no tuvo límites. Tras hablar un buen rato por teléfono, decidieron encontrarse. El padre se mostró de acuerdo en ir en coche al pueblo donde vivía su hija y fijaron una fecha. Pero el destino fue extremadamente cruel, totalmente despiadado. Cuando el padre iba de camino para reunirse con su hija, un accidente se cobró su vida.

La joven estaba desconsolada. Las autoridades del hospital la llamaron para identificar a su padre, y tuvo que hacerse cargo del cadáver. Podemos imaginar el estado de desolación de la joven. Ella, que había estado esperando con una expectación tremenda ver a su padre, tras veinte años de separación, ¡finalmente sólo pudo ver su cadáver! Para empeorar aún más las cosas, los médicos le dijeron que el accidente se había producido porque sufrió un infarto mientras conducía. Posiblemente se debiera a la emoción que sentía ante la idea de ver a su hija después de tantos años.

Aquella mañana, mientras Amma recibía a la joven mujer, fui testigo de uno de los darshans más bellos y conmovedores que he visto nunca. Mientras la mujer lloraba desde el fondo de su corazón, Amma se enjugaba sus propias lágrimas que rodaban por Sus mejillas. Abrazando tiernamente a la mujer, Amma sostenía su cabeza en su regazo, le secaba las lágrimas, la acariciaba y la besaba cariñosamente diciéndole: "¡Hija mía, mi niña, no llores!"Amma consiguió tranquilizarla y consolarla. No hubo apenas comunicación verbal entre ellas. Al observar esta escena todo lo abiertamente que pude, aprendí otra importante lección sobre cómo curar un corazón herido, y cómo ocurre esto en presencia de Amma. Resultaba evidente el cambio producido en la mujer cuando se marchó. Parecía muy aliviada y relajada. Cuando estaba a punto de irse, se volvió hacia mí y me dijo: "Después de encontrarme con Amma me siento radiante como una flor".

Amma utiliza muy pocas palabras durante estas ocasiones tan intensas, especialmente cuando se trata de compartir el dolor y el sufrimiento de los demás. Sólo el silencio, acompañado de un profundo sentimiento, puede reflejar el dolor de los demás. Cuando se presentan esas situaciones, Amma habla con Sus ojos, compartiendo el dolor de sus hijos y expresando Su profundo amor, Su preocupación, solidaridad y cariño.

Como Amma dice: "El ego no puede curar a nadie. Hablar de altos principios filosóficos en un lenguaje extraño sólo confunde a la gente. Sin embargo, una mirada o un toque de una persona sin ego despejará fácilmente las nubes de dolor y desesperación de la mente. Eso es lo que lleva a una verdadera curación."

El dolor de la muerte

Pregunta: Amma, ¿por qué hay tanto dolor y temor en relación con la muerte?

Amma: El excesivo apego al cuerpo y al mundo genera dolor y temor a la muerte. Casi todos creen que la muerte es la aniquilación total. Nadie quiere abandonar el mundo y desaparecer en el olvido. Cuando tenemos ese apego, el proceso de abandonar el cuerpo y el mundo puede ser doloroso.

Pregunta: ¿Será menos dolorosa la muerte si se supera ese apego?

Amma: Si uno trasciende el apego al cuerpo, no sólo será menos dolorosa la muerte, sino que se convertirá en una experiencia dichosa. Puedes permanecer como testigo de la muerte del cuerpo. Una actitud desapegada hace de la muerte una experiencia totalmente diferente.

La mayoría de la gente muere sintiéndose muy decepcionada y frustrada. Consumida por la tristeza, pasa sus últimos días llena de dolor, ansiedad y totalmente desesperada. ¿Por qué? Porque no ha aprendido nunca a desprenderse, a liberarse de sus insensatos sueños, deseos y apegos sin sentido. La vejez, especialmente los últimos días de esas personas, se convertirá en algo peor que el infierno. Por eso es tan importante la sabiduría.

Pregunta: ¿Aumenta la sabiduría a medida que se envejece?

Amma: Esa es la creencia común. Tras haberlo visto y experimentado todo a lo largo de las diferentes fases de la vida, se supone que tendría que llegar la sabiduría. Pero no es tan fácil alcanzar ese nivel de sabiduría, especialmente en el mundo actual, en el que la gente se ha vuelto tan egocéntrica.

Pregunta: ¿Cuál es la cualidad básica que uno necesita desarrollar para conseguir esa sabiduría?

Amma: Una vida contemplativa y meditativa. Eso nos da la capacidad para profundizar en las diversas experiencias de la vida.

Pregunta: Amma, dado que la mayoría de las personas no son contemplativas ni meditativas por naturaleza, ¿es realmente práctico para ellas?

Amma: Depende de la importancia que se le dé. Recordad que hubo un tiempo en el que la contemplación y la meditación eran parte integrante de la vida. Por eso se pudieron lograr tantas cosas entonces, a pesar de que la ciencia y la tecnología no se habían desarrollado como en nuestros días. Los descubrimientos de aquellos días constituye la base de lo que hacemos en la época moderna.

En el mundo actual, lo que es más importante a menudo no se acepta y se considera "poco práctico". Esta es una de las características del Kaliyuga, la era oscura del materialismo. Es fácil despertar a una persona que duerme, pero difícil despertar a alguien que simula estar durmiendo. ¿Qué sentido tiene colocar un espejo ante una persona que es ciega? En esta época la gente prefiere mantener los ojos cerrados a la Verdad.

Pregunta: Amma, ¿qué es la auténtica sabiduría?

Amma: Aquello que nos ayuda a hacer la vida más sencilla y bella es la auténtica sabiduría. Es la comprensión correcta que se obtiene a través del discernimiento adecuado. Cuando uno se ha impregnado realmente de esta cualidad, eso se refleja en sus pensamientos y sus acciones.

La humanidad en el
momento presente

Pregunta: ¿Cuál es el estado de la humanidad en el momento presente?

Amma: Hablando en general, hay un tremendo despertar espiritual en todo el mundo. La gente sin duda es cada vez más consciente de la necesidad de un modo de vida espiritual. Aunque no los vinculan directamente con la espiritualidad, la filosofía de la Nueva Era, el yoga y la meditación son más populares que nunca en Occidente. Hacer yoga y meditar se ha convertido en una moda en muchos países, especialmente entre la clase alta. La idea básica de vivir en comunión con la Naturaleza y los principios espirituales es aceptada incluso por los ateos. Hay una sed interior y un sentimiento de la urgencia del cambio que se encuentran por todas partes. Eso es sin duda un signo positivo.

Sin embargo, por otra parte, la influencia del materialismo y de los placeres mundanos está creciendo de modo incontrolado. Si se continúa así, se producirá un serio desequilibrio. Cuando las personas se centran en los placeres materiales, apenas utilizan su discernimiento y lo hacen, a menudo, de un modo poco inteligente y destructivo.

Pregunta: ¿Hay algo nuevo o especial respecto a esta época?

Amma: Cada momento es especial, por decirlo de algún modo. No obstante, esta época es especial porque casi hemos alcanzado otra cima en la existencia humana.

Pregunta: ¿De verdad? ¿De qué cima se trata?

Amma: La cima del ego, la oscuridad y el egoísmo.

Pregunta: Amma, por favor, ¿podrías explicar eso un poco más?

Amma: De acuerdo con los Rishis [antiguos sabios], hay cuatro eras: Satyayuga, Tretayuga, Dwaparayuga y Kaliyuga. Actualmente estamos en Kaliyuga, la edad oscura del materialismo. Satyayuga es la primera, una época en la que sólo existen la verdad y la veracidad. Tras pasar por las otras dos, Treta y Dwapara yugas, la humanidad ha alcanzado Kaliyuga, la última, la cual se supone que dará paso a otro Satyayuga. Sin embargo, al entrar, permanecer y salir de los Treta y Dwapara yugas, perdimos también muchos hermosos valores como la verdad, la compasión, el amor, etc. La edad de la verdad y la veracidad fue una cima. Los Treta y Dwapara yugas fueron la mitad, donde aún manteníamos una pequeña porción de dharma [rectitud] y satya [verdad]. Ahora hemos llegado a otra cima, la cima de adharma [falta de rectitud] y asatya [falta de veracidad]. Únicamente las lecciones de humildad ayudarán a la humanidad a darse cuenta de la oscuridad que normalmente la rodea. Eso nos preparará para escalar a lo más alto de la luz y la verdad. Confiemos y roguemos que las personas de todas las creencias y culturas del mundo aprendan esta lección, que es lo que se necesita en esta época.

El atajo para la
realización del Ser

Pregunta: En el mundo actual la gente busca atajos para conseguirlo todo. ¿Existe algún atajo para la realización del Ser?

Amma: Es como preguntar: "¿Hay algún atajo para llegar a mí mismo? La realización del Ser es el camino a tu propio Ser. Por tanto, es tan sencillo como encender el interruptor de la luz. Pero debes saber qué interruptor apretar y cómo, porque este interruptor está oculto dentro de ti mismo. No puedes encontrarlo en ningún lugar del exterior. Para ello necesitas la ayuda de un Maestro Divino.

La puerta está siempre abierta. Sólo tienes que cruzarla.

Para el progreso espiritual

Pregunta: Amma, llevo meditando muchos años, pero no creo que esté progresando realmente. ¿Estoy haciendo algo mal? ¿Crees que no estoy haciendo las prácticas espirituales adecuadas?

Amma: Ante todo, a Amma le gustaría saber por qué crees que no estás progresando. ¿Qué criterio utilizas para valorar el progreso espiritual?

Pregunta: Nunca he tenido ninguna visión.

Amma: ¿Qué clase de visiones esperas?

Pregunta: No he visto nunca ninguna luz azul divina.

Amma: ¿De dónde has sacado la idea de ver una luz azul?

Pregunta: Uno de mis amigos me lo contó y también lo he leído en los libros.

Amma: Hijo, no tengas ideas innecesarias sobre tu sadhana [práctica espiritual] y tu crecimiento espiritual. Eso es lo que está mal. Tus ideas sobre la espiritualidad se pueden convertir en obstáculos en tu camino. Estás haciendo la sadhana correcta, pero tu actitud no lo es. Estás esperando que se presente ante ti la luz azul divina. Lo extraño es que no tienes ni idea de qué es la luz divina, y sin embargo piensas que es azul. Quién sabe, tal vez ya haya aparecido y tú sigas esperando una luz azul en particular. ¿Y si la divinidad decidiera aparecer como luz roja o verde? Entonces podrías pasarla por alto.

Una vez un hijo le contó a Amma que esperaba que apareciera una luz verde en sus meditaciones. Así que Amma le dijo que tuviera cuidado cuando condujera pues podría pasar los semáforos en rojo, pensando que estaban en verde. Estas ideas sobre la espiritualidad son realmente peligrosas.

Hijo, sentir paz en todas las circunstancias es el objetivo de todas las prácticas espirituales. Todo lo demás, ya sea luz, sonido o forma, llegará y se irá. Aunque tengas algunas visiones, serán temporales. La única experiencia permanente es la paz absoluta. Esa paz y el sentimiento de ecuanimidad mental son verdaderamente el auténtico fruto de la vida espiritual.

Pregunta: Amma, ¿está mal desear esas experiencias?

Amma: Amma no diría que está mal. No obstante, no les des demasiada importancia, porque eso puede retrasar mucho tu crecimiento espiritual. Si se dan, deja que aparezcan sin más. Esa es la actitud correcta.

En las primeras etapas de la vida espiritual, un buscador tendrá muchas nociones y conceptos incorrectos sobre la espiritualidad, debido a la emoción excesiva y la poca conciencia. Por ejemplo, muchos están locos por conseguir visiones de dioses y diosas. Otro gran anhelo es llegar a ver diferentes colores. A mucha gente le atraen los sonidos hermosos. ¡Cuántos desperdician su vida entera persiguiendo siddhis [poderes yóguicos]! Hay personas ansiosas por llegar al instante al estado de samadhi [permanencia natural en el Ser] o de moksha [liberación]. Algunos también han oído muchas historias sobre cómo despertar la kundalini [energía espiritual que permanece dormida en la base de la espina dorsal]. Un buscador espiritual nunca debería obsesionarse con esas ideas. Estos conceptos pueden muy bien retrasar vuestro progreso espiritual. Por eso es tan importante tener una clara comprensión y un planteamiento sano e inteligente de vuestra vida espiritual desde el mismo principio. Escuchar indiscriminadamente a cualquiera que afirme ser un Maestro y leer libros sin ser selectivos sólo aumentará la confusión.

La mente de un alma que ha realizado el Ser

Pregunta: ¿Cómo es la mente de un alma que ha realizado el Ser?

Amma: Es una mente sin mente.

Pregunta: ¿No es mente?

Amma: Es expansión.

Pregunta: Pero ellos también interactúan con el mundo. ¿Cómo es posible hacerlo sin mente?

Amma: Por supuesto, ellos "usan" la mente para interactuar con el mundo. Sin embargo, hay una gran diferencia entre la mente común humana, que está llena de pensamientos diversos, y la mente de un Mahatma. Los Mahatmas utilizan la mente y nosotros somos utilizados por la mente. Ellos no son calculadores, sino espontáneos. La espontaneidad es la naturaleza propia del corazón. Una persona que está completamente identificada con la mente no puede ser espontánea.

Pregunta: La mayoría de la gente que vive en el mundo se identifica con su mente. ¿Quieres decir que todos ellos tienen una naturaleza manipuladora?

Amma: No, hay muchísimas ocasiones en las que las personas se identifican con el corazón y sus sentimientos positivos. Cuando son amables, compasivas y consideradas con los demás, residen más en el corazón que en sus mentes. Pero, ¿son capaces de comportarse así siempre? No, es mucho más frecuente que las personas se identifiquen con la mente. Eso es lo que quería decir Amma.

Pregunta: Si la capacidad de mantenerse perfectamente acorde con los sentimientos positivos del corazón está presente en todos, ¿por qué no se da más a menudo?

Amma: Porque, en vuestro estado presente, la mente es mucho más poderosa. Para manteneros en sintonía con los sentimientos positivos del corazón, deberíais reforzar vuestra conexión con el silencio de vuestro corazón espiritual, y debilitar vuestra conexión con el bullicio de vuestra ruidosa mente.

Pregunta: ¿Qué permite a una persona ser espontánea y abierta?

Amma: Menos interferencia del ego.

Pregunta: ¿Qué sucede cuando hay menos interferencia del ego?

Amma: Te sentirás dominado por un intenso anhelo que procede de lo más profundo de tu ser. Aunque hayas preparado el terreno para que eso ocurra, no habrá ningún movimiento o esfuerzo calculado cuando se produzca realmente. Esa acción, o lo que quiera que sea, se vuelve sumamente hermosa y satisfactoria. Los demás también se sentirán muy atraídos por lo que has hecho en ese momento. Esos momentos son la expresión de tu corazón, y cuando se dan estás más cerca de tu verdadero ser.

En realidad esos momentos proceden del más allá: más allá de la mente y del intelecto. En ellos se produce una repentina sintonía con el Infinito, y conectas con la fuente de la energía universal.

Los Maestros perfectos permanecen siempre en ese estado de espontaneidad, y crean la misma situación también para los demás.

La distancia entre
Amma y nosotros

Pregunta: ¿Qué distancia hay entre Tú y nosotros?

Amma: Ninguna e infinita.

Pregunta: ¿Ninguna e infinita?

Amma: Si, no hay distancia alguna entre vosotros y Amma. Pero, al mismo tiempo, la distancia también es infinita.

Pregunta: Parece contradictorio.

Amma: Las limitaciones de la mente hacen que parezca contradictorio. Seguirá siendo contradictorio hasta que se alcance el estado definitivo de realización. Ninguna explicación, por inteligente o lógica que pueda parecer, eliminará esa contradicción.

Pregunta: Comprendo las limitaciones de mi mente. Pero no puedo comprender por qué tiene que ser tan paradójico y ambiguo. ¿Cómo puede ser ninguna e infinita al mismo tiempo?

Amma: Ante todo, hija, no has entendido las limitaciones de tu mente. Comprender realmente la pequeñez de la mente es comprender realmente la grandeza de Dios, de lo divino. La mente es una pesada carga. Cuando esto llegue a comprenderse verdaderamente, te darás cuenta de la inutilidad de llevar esta gran carga llamada mente. No podrás seguir llevándola. Esa comprensión te ayuda a abandonarla.

Hija, mientras permanezcas en la ignorancia de tu divinidad interior, la distancia es infinita. Sin embargo, en el momento en el que llega la realización, también llega la comprensión de que nunca ha habido distancia alguna.

Pregunta: Es imposible que el intelecto comprenda todo el proceso.

Amma: Hija, eso es una buena señal. Al menos, estás de acuerdo en que no es posible que el intelecto comprenda el supuesto proceso.

Pregunta: ¿Significa eso que no hay tal proceso?

Amma: Exactamente. Por ejemplo, si un hombre es ciego de nacimiento, ¿tendrá algún conocimiento de la luz? No, el pobre hombre sólo está familiarizado con la oscuridad, un mundo bien diferente comparado con el mundo de los que han sido bendecidos con la vista.

El médico le dice: "Puedes volver a ver si te sometes a una operación. Hay que hacer algunas correcciones."

Si el hombre opta por la intervención, tal como le recomiendan los médicos, la oscuridad pronto desaparecerá y aparecerá la luz, ¿verdad? ¿Pero de dónde procede la luz, de algún lugar exterior? No, la capacidad de ver ha estado siempre aguardando en el interior mismo del hombre. Del mismo modo, cuando corrijas tu visión interior por medio de la práctica espiritual, la luz del puro conocimiento, que ya está esperando, surgirá de tu interior.

Los métodos de Amma

L os métodos que emplea Amma son únicos. Las lecciones llegan inesperadamente y siempre tienen un sabor excepcional.

Durante el darshan de la mañana, una persona apuntada a un retiro trajo a otra persona que no formaba parte del mismo. Me di cuenta e informé a Amma. Pero ella me ignoró por completo y siguió dando darshan.

Pensé: "Muy bien, Amma está ocupada. Pero voy a vigilar a la intrusa." Así que durante los siguientes minutos, aunque mi seva [servicio desinteresado] principal era traducir las preguntas de los devotos a Amma, elegí como seva secundario observar atentamente cada movimiento de la persona no registrada. Permanecía pegada a la devota que la había traído, así que mis ojos las seguían de cerca allá donde iban. Al mismo tiempo, le iba comentando a Amma sus movimientos. Aunque Amma no me escuchaba, consideraba que era mi deber hacerlo.

Tan pronto como las dos mujeres se colocaron en la fila de personas con Necesidades Especiales, se lo comuniqué a Amma con entusiasmo. Sin embargo, Amma siguió dando darshan a los devotos.

Mientras tanto, un par de devotos se colocó a mi lado. Señalando a la "usurpadora", uno de ellos dijo:

- ¿Ves a esa mujer? Es muy rara. La he escuchado antes y es muy negativa. No me parece muy acertado que se quede dentro de la sala.

El otro devoto me dijo muy seriamente:

-Pregúntale a Amma qué tenemos que hacer con ella, ¿la echamos?

Tras muchos esfuerzos, conseguí atraer la atención de Amma. Por fin levantó la vista y preguntó:

-¿Dónde está?

Los tres estábamos encantados. Pensamos —por lo menos yo lo pensé- que Amma pronunciaría pronto aquellas palabras que los tres esperábamos oír con impaciencia: "Echadla".

Al oír preguntar a Amma: "¿Dónde está?", los tres señalamos el lugar en el que estaba sentada la señora no apunada al retiro. Amma la miró y esperamos ansiosos el juicio final. Amma se volvió a nosotros y dijo: "Llamadla." Casi nos pegamos por llamar a la mujer.

Tan pronto como se acercó a la silla del darshan, Amma tendió los brazos y, con una sonrisa benevolente en su rostro, le dijo: "Ven, hija mía". La extraña cayó espontáneamente en brazos de Amma. Mientras la observábamos, la mujer tuvo uno de los darshan más hermosos. Amma la apoyó tiernamente en Su hombro mientras le acariciaba la espalda. Luego, sosteniendo el rostro de la mujer entre las manos, Amma la miró profundamente a los ojos. Las lágrimas caían por las mejillas de la mujer, y Amma se las secó compasivamente con Sus manos.

Incapaces de controlar las lágrimas, mis dos "colegas" y yo permanecimos detrás del sillón de Amma completamente ablandados.

Nada más irse la mujer, Amma me miró y, con una sonrisa, me dijo:

-Has desperdiciado mucha energía esta mañana.

Asombrado, miré la pequeña figura de Amma mientras seguía derramando dicha y bendiciones sobre sus hijos. Aunque me quedé sin habla, en aquel momento recordé algo muy hermoso que había dicho Amma: "Amma es como un río. Ella fluye sin más. Algunos se bañan en el río. Otros sacian su sed bebiendo de sus aguas. Otros nadan y disfrutan del agua. E incluso los hay que escupen en él. Pase lo que pase, el río lo acepta todo y fluye sin verse afectado, abrazando todo lo que llega a él".

Así fue como viví otro momento asombroso en la presencia de Amma, la Maestra Suprema.

Ninguna nueva verdad

Pregunta: Amma, ¿crees que la humanidad necesita una nueva verdad para despertar?

Amma: La humanidad no necesita ninguna nueva verdad. Lo que precisa es ver la Verdad que ya existe. Sólo hay una Verdad. Esa Verdad brilla siempre dentro de todos nosotros. Esa sola y única Verdad no puede ser nueva, ni puede ser vieja. Es siempre la misma, inmutable, siempre nueva. Preguntar por una nueva Verdad es como si un niño en el parvulario le preguntara a la profesora: "Señorita, hace mucho tiempo que nos dice que dos y dos son cuatro. Eso ya es tan viejo, ¿por qué no nos dice algo nuevo, como que son cinco en lugar de que sean siempre cuatro?" La Verdad no puede cambiarse. Siempre ha estado ahí y siempre ha sido la misma.

Este nuevo milenio verá un gran despertar espiritual, tanto en Oriente como en Occidente. Eso es lo que realmente se necesita en esta época. El gran desarrollo del conocimiento científico que ha adquirido la humanidad tiene que conducirnos a Dios.

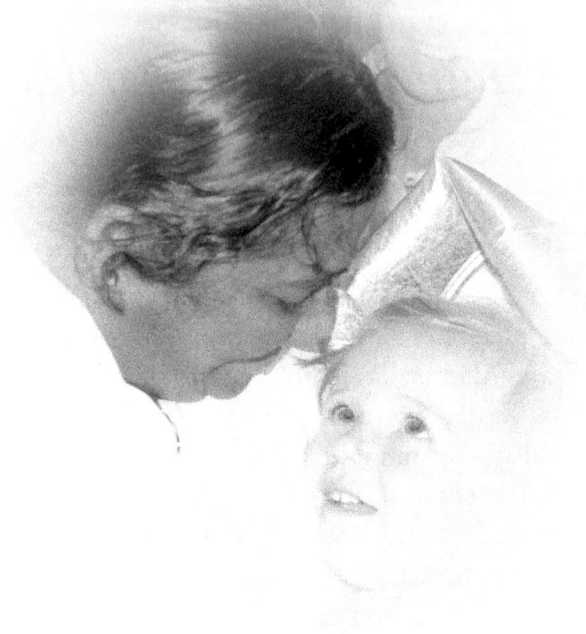

La Verdad

Pregunta: Amma, ¿qué es la Verdad?

Amma: La Verdad es aquello que es eterno e inmutable.

Pregunta: ¿La veracidad es la Verdad?

Amma: La veracidad no es más que una cualidad, no la Verdad, que es la realidad suprema.

Pregunta: ¿Acaso esa cualidad no forma parte de la Verdad, la realidad suprema?

Amma: Sí, igual que todo forma parte de la Verdad, la realidad suprema, también la veracidad es parte de ella.

Pregunta: Si todo forma parte de la realidad suprema, entonces no sólo las buenas cualidades sino también las malas son parte de ella, ¿no es así?

Amma: Sí, pero hija, tú todavía estás anclada en la tierra y no has alcanzado esas alturas.

Imagina que vas a viajar en avión por primera vez. Hasta que no subas al avión, no tendrás ni idea de lo que es volar. Miras a tu alrededor y ves gente; hablan y gritan. Hay edificios, árboles, vehículos circulando, los sonidos de niños llorando, etc. Al cabo de un rato subes al avión. Luego despegáis, y poco a poco voláis cada vez más alto. En ese momento, cuando miras hacia abajo, ves que todo se va volviendo más pequeño, desapareciendo gradualmente en la unidad. Al final, todo desaparece y estás rodeada del inmenso espacio.

Del mismo modo, hija, tú aún sigues en tierra y no has embarcado todavía. Por tanto, tendrás que aceptar, practicar e impregnarte de buenas cualidades, y rechazar las malas. Una vez alcances las alturas de la realización, entonces experimentarás todo como Uno.

Un consejo en una sola frase

Pregunta: Amma, ¿puedes darme un consejo en una sola frase para mi paz mental?

Amma: ¿Temporal o permanente?

Pregunta: Permanente, desde luego.

Amma: Bien, encuentra a tu Ser [el Atman].

Pregunta: Eso es demasiado difícil de entender.

Amma: De acuerdo, entonces ama a todos.

Pregunta: ¿Son dos respuestas distintas?

Amma: No, únicamente son distintas las palabras. Encontrar tu Ser y amar a todos por igual es básicamente lo mismo; son inter-dependientes. (riendo) Hijo, eso ya es más de una frase.

Pregunta: Perdón, Amma. Soy tonto.

Amma: Está bien, no te preocupes. ¿Quieres continuar?

Pregunta: Sí, Amma. ¿Se desarrollan conjuntamente con nuestra sadhana [práctica espiritual], la paz, el amor y la verdadera felici-dad? ¿O sólo son el resultado final?

Amma: Las dos cosas. Sin embargo, sólo cuando redescubrimos el Ser Interior el círculo se completa y se produce una paz perfecta.

Pregunta: ¿Qué quieres decir con "el círculo"?

Amma: El círculo de nuestra existencia interior y exterior, el estado de perfección.

Pregunta: Pero las Escrituras dicen que un círculo ya es completo. Si ya es un círculo, entonces ¿cómo va a completarse?

Amma: Desde luego, es un círculo perfecto. Pero la mayoría de las personas no se da cuenta. Para ellas, hay un hueco que llenar. Y, para tratar de llenar ese hueco, cada ser humano va corriendo de acá para allá con la excusa de satisfacer distintas necesidades, exigencias y deseos.

Pregunta: Amma, he oído que en el estado de realización suprema no existe diferencia entre existencia interior y exterior.

Amma: Sí, pero sólo lo experimentan aquellos que están estable-cidos en ese estado.

Pregunta: ¿Sirve de ayuda comprender intelectualmente ese estado?

Amma: ¿Ayuda para qué?

Pregunta: Ayudarme a vislumbrar ese Estado.

Amma: No, una comprensión intelectual sólo gratifica al intelecto. Y además, esa satisfacción únicamente es temporal. Tal vez pienses que lo has entendido, pero enseguida volverás a tener dudas y preguntas. Tu comprensión sólo se basa en palabras y explicaciones limitadas que no pueden darte la experiencia de lo ilimitado.

Pregunta: Entonces, ¿cuál es el mejor camino?

Amma: Esforzarse hasta que llegue la entrega personal.

Pregunta: ¿Qué quieres decir con "esforzarse"?

Amma: Amma se refiere a hacer tapas [austeridades] con paciencia. Sólo puedes permanecer en el momento presente si haces tapas.

Pregunta: ¿Hacer tapas es estar continuamente sentado y meditar durante muchas horas?

Amma: Eso es sólo una parte. La verdadera tapas es llevar a cabo cada acción y cada pensamiento de manera que nos ayude a ser uno con Dios, o el Ser.

Pregunta: ¿Qué es exactamente?

Amma: Ofrecer tu vida para alcanzar la realización de Dios.

Pregunta: Estoy un poco confuso.

Amma: (riendo) No sólo un poco; estás muy confuso.

Pregunta: Tienes razón. Pero ¿por qué?

Amma: Porque estás pensando demasiado en la espiritualidad y en el estado de más allá de la mente. Deja de pensar y utiliza esa energía en hacer lo que puedas. Eso te dará la experiencia, o al menos una visión fugaz, de esa realidad.

La necesidad de seguir un horario

Pregunta: Amma, dices que tendríamos que mantener una disciplina diaria, como seguir un horario y cumplirlo de la mejor manera posible. Pero Amma, soy madre de un bebé. ¿Y si mi hijo llora cuando estoy a punto de meditar?

Amma: Es muy sencillo. Ocúpate primero del bebé y luego medita. Si decides meditar sin prestar atención al bebé, entonces sólo meditarás sobre el bebé, no sobre el Ser o Dios.

Seguir un horario será ciertamente beneficioso en las etapas iniciales. También un verdadero sadhak [buscador espiritual] debe ejercitar el control continuamente, durante todo el día y toda la noche.

Algunas personas tienen el hábito de tomar café nada más levantarse. Si un día no lo pueden tomar, se sienten muy incómodas. Hasta es posible que les estropee el día entero, provocándoles dolor de estómago, estreñimiento y dolor de cabeza. De modo parecido, la meditación, la oración y el recitado de mantras también tendrían que formar parte de la vida de un sadhak. Si alguna vez dejas de hacerlo, deberías sentirlo profundamente. A partir de ahí, surgirá el anhelo de no abandonar nunca esas prácticas.

El esfuerzo personal

Pregunta: Amma, algunas personas dicen que como nuestra auténtica naturaleza es Atman, no es necesario hacer prácticas espirituales. Afirman: "Soy Eso, la conciencia absoluta, ¿para qué voy a hacer sadhana [práctica espiritual] si ya soy Eso?" ¿Crees que esas personas son auténticas?

Amma: Amma no va a decir si esas personas son auténticas o no. Sin embargo, a Amma le parece que esas personas o bien fingen ser de ese modo, o viven totalmente engañadas, o son perezosas. Amma se pregunta si esas personas dirían: "No necesito comer ni beber porque no soy el cuerpo".

Supongamos que se les invita a entrar en el comedor, en el que hay varios platos cuidadosamente colocados sobre la mesa, pero donde tendría que haber una opípara comida sólo hay un trozo de papel en el que está escrito "arroz", otro que dice "verduras al vapor", otro "postre", etcétera. ¿Estarán dispuestas todas esas personas a imaginar que ya han comido satisfactoriamente y que han saciado completamente su hambre?

El árbol está latente en la semilla. Sin embargo, ¿qué pasaría si la semilla pensara egoístamente: "No voy a inclinarme ni a dejarme sembrar en esta tierra, pues ya soy árbol. No necesito estar bajo esta sucia tierra"? Si fuera esa la actitud de la semilla, no germinaría ni brotaría ni se convertiría nunca en árbol, para dar sombra y fruto a los demás. Sólo porque la semilla piense que ya es árbol no va a suceder nada. Continuará siendo una semilla. Por tanto, tienes que ser una semilla pero estar dispuesta a caer en la tierra y permanecer bajo ella. Entonces la tierra cuidará de la semilla.

La gracia

Pregunta: Amma, ¿es la gracia el factor decisivo?

Amma: La gracia es el factor que aporta a tus acciones el resultado adecuado, en el momento adecuado y en la proporción adecuada.

Pregunta: Aunque nos dediquemos por completo a nuestro trabajo, ¿su resultado dependerá de la gracia que recibamos?

Amma: La dedicación es el aspecto más esencial. Cuanto más te dediques, más abierto estarás. Cuanto más abierto estés, más amor sentirás. Cuanto más amor tengas, más gracia sentirás.

La gracia es apertura. Es la fuerza espiritual y la visión intuitiva que puedes experimentar mientras realizas una acción. Al estar abierto a una situación concreta, te desprendes de tu ego y de la estrechez de miras de tus opiniones. Esto transforma tu mente en un canal más apropiado para que la shakti [energía divina] fluya por él. Ese flujo de shakti y su expresión en nuestras acciones es la gracia.

Una persona puede ser una cantante fantástica, pero mientras actúa en el escenario debe permitir que la shakti de la música fluya a través de ella. Esta llevará la gracia a su música, ayudándola a llegar a todo el público.

Pregunta: ¿Dónde está la fuente de la gracia?

Amma: La auténtica fuente de la gracia está dentro de nosotros. No obstante, hasta que no te des cuenta, parecerá que está en algún lugar mucho más allá.

Pregunta: ¿Más allá?

Amma: Más allá significa el origen, que tú desconoces en tu actual estado mental. Cuando un cantante interpreta desde el corazón, él o ella está en contacto con la divinidad, con el más allá. ¿De dónde procede la música que nos conmueve? Puedes decir que de la garganta o del corazón, pero si miras dentro, ¿la verás? No, así que viene de más allá. Esa fuente es en realidad la divinidad. Cuando llegue la realización final, encontrarás esa fuente dentro de ti.

Sannyasa: más allá de toda catalogación

Pregunta: ¿Qué significa ser un auténtico sannyasin?

Amma: Un auténtico sannyasin es aquel que ha ido más allá de todas las limitaciones creadas por la mente. En este momento estamos hipnotizados por la mente. En el estado de sannyasa, nos liberamos completamente de las garras de esa hipnosis. Nos despertaremos como de un sueño, igual que un borracho sale de su estado de ebriedad.

Pregunta: ¿Sannyasa también supone alcanzar la Divinidad?

Amma: Amma preferiría describirlo de este modo: sannyasa es un estado en el que uno es capaz de observar y adorar a toda la creación como Dios.

Pregunta: ¿Es la humildad un rasgo característico de un auténtico sannyasin?

Amma: Un auténtico sannyasin no puede ser catalogado. Está más allá. Si dices que tal o cual persona es muy sencilla y humilde, sigue habiendo "alguien" que se siente sencillo y humilde. En el estado de sannyasa, ese "alguien", que es el ego, desaparece. Normalmente, la humildad se opone a la arrogancia y el amor al odio. Sin embargo, un auténtico sannyasin no es humilde ni arrogante, ni es amor ni odio. El que ha llegado al estado de sannyasa está más allá de todo. Ya no tiene nada que ganar ni que perder. Cuando consideramos a un genuino sannyasin "humilde", no sólo significa que carece de arrogancia, sino que carece de ego.

Alguien le preguntó a un Mahatma: -¿Quién eres?

Él replicó: -No soy.

-¿Eres Dios?

-No, no soy.

-¿Eres un santo o un sabio?

-No, no soy.

-¿Eres ateo?

-No, no soy.

-Entonces, ¿quién eres?

-Soy lo que soy. Soy pura conciencia.

Sannyasa es el estado de la pura conciencia.

Un juego divino en el aire

Escena I: El vuelo de Air India con destino a Dubai acaba de despegar. La tripulación está preparando el servicio inicial de refrescos. De repente, uno tras otro, todos los pasajeros se levantan de sus asientos y se dirigen en procesión a la zona de primera clase. Sin comprender lo que está sucediendo, la sorprendida tripulación pide que todos vuelvan a sus asientos. Al no conseguir absolutamente nada, requieren la cooperación de todos hasta que acaben de servir la comida.

-¡Queremos el darshan de Amma!, gritan los pasajeros.

-Lo comprendemos, pero esperen por favor hasta que acabemos de servir -responde la tripulación.

Los pasajeros acaban por ceder ante la insistencia de la tripulación y vuelven a sus asientos.

Escena 2: Ya ha terminado el servicio de refrescos. Los asistentes de vuelo se convierten temporalmente en monitores de la fila de darshan, que avanza lentamente hacia el asiento de Amma. Dado que no se ha avisado con tiempo, no se han preparado números para el darshan. No obstante, la tripulación hace un buen trabajo.

Escena 3: Tras recibir el darshan de Amma, los pasajeros parecen felices y relajados. Se acomodan en sus respectivos asientos. A continuación, toda la tripulación, incluido el piloto y el copiloto, se colocan en la fila. Desde luego, han estado aguardando su turno. Cada uno recibe un abrazo maternal. Y con él, también reciben de Amma susurros de amor y gracia, una inolvidable y radiante sonrisa y un caramelo como prasad [regalo bendecido] de Amma.

Escena 4: Lo mismo ocurre en el viaje de regreso.

Solidaridad y compasión

Pregunta: Amma, ¿qué es la auténtica compasión?

Amma: La auténtica compasión es la capacidad de ver y conocer lo que está más allá. Sólo aquellos que tienen la capacidad de ver más allá, pueden ayudar realmente a los demás e inspirarlos.

Pregunta: ¿Más allá de dónde?

Amma: Más allá del cuerpo y de la mente, más allá de la apariencia externa.

Pregunta: Entonces, Amma, ¿cuál es la diferencia entre solidaridad y compasión?

Amma: La compasión es la verdadera ayuda que recibes de un Maestro Verdadero. Los Maestros ven más allá. Mientas que la solidaridad que los demás muestran hacia ti sólo es una ayuda temporal. La solidaridad no puede traspasar la superficie e ir más allá. La compasión es la correcta comprensión y un profundo conocimiento de la persona, de la situación y de lo que esa persona necesita realmente. La solidaridad es más superficial.

Pregunta: ¿Cómo podemos distinguir entre las dos?

Amma: Es difícil. No obstante, Amma te dará un ejemplo. No es extraño que los cirujanos pidan a sus pacientes que se levanten y empiecen a caminar al segundo o tercer día, incluso después de una importante intervención quirúrgica. Aunque el paciente no tenga ganas, un buen médico, que conoce las consecuencias, obligará siempre al paciente a levantarse y caminar. Al ver el dolor y el esfuerzo del paciente, es posible que su familia comente: "¡Qué médico más cruel! ¿Por qué le obliga a caminar si no quiere hacerlo? Esto es demasiado".

En este ejemplo, la actitud que muestran los familiares hacia el enfermo es de solidaridad, mientras que la actitud del médico es de compasión. En este caso, ¿quién está ayudando de verdad al paciente: el médico o los familiares? El paciente puede pensar: "Este médico es un inútil. Después de todo, ¿quién es él para darme instrucciones? ¿Qué sabe de mí? Por mucho que diga, no voy a escucharle." Esa actitud no ayudará en absoluto al paciente.

Pregunta: ¿Puede la solidaridad perjudicar a una persona?

Amma: Si no tenemos cuidado y ofrecemos nuestra solidaridad sin comprender los aspectos sutiles de una situación concreta y de la constitución mental de una persona, puede ser perjudicial. Es peligroso cuando la gente concede demasiada importancia a las palabras de solidaridad. Puede convertirse en una obsesión y llegar a arruinar nuestra capacidad de discernimiento al construir un pequeño mundo como un capullo que los envuelve. Tal vez se sientan reconfortados, pero es posible que no hagan ningún esfuerzo por salir de esa situación. Sin darse cuenta, irán adentrándose cada vez más en la oscuridad.

Pregunta: Amma, ¿qué quieres decir con "un pequeño mundo como un capullo"?

Amma: Amma quiere decir que perderás tu capacidad de mirar profundamente en ti para ver lo que está ocurriendo realmente. Darás más importancia a lo que otros digan y confiarás en ellos ciegamente sin usar adecuadamente tu discernimiento.

La solidaridad es amor superficial sin ningún conocimiento de la raíz del problema. Mientras que la compasión es amor que ve el verdadero origen del problema y trata de resolverlo apropiadamente.

El verdadero amor es el estado de ausencia total de temor

Pregunta: Amma, ¿qué es el verdadero amor?

Amma: El verdadero amor es el estado de ausencia total de temor. El temor forma parte de la mente. Por tanto, temor y amor genuino no pueden ir juntos. A medida que crece la profundidad del amor, disminuye lentamente la intensidad del temor.

El temor sólo puede existir cuando te identificas con el cuerpo y la mente. Trascender las debilidades de la mente y vivir en el amor es la Divinidad. Cuanto más amor sientas, más divinidad se expresará dentro de ti. Cuanto menos amor sientas, más temor tendrás y más te alejarás del centro de la vida. La ausencia de temor es, sin duda, una de las cualidades más grandes de un auténtico amante.

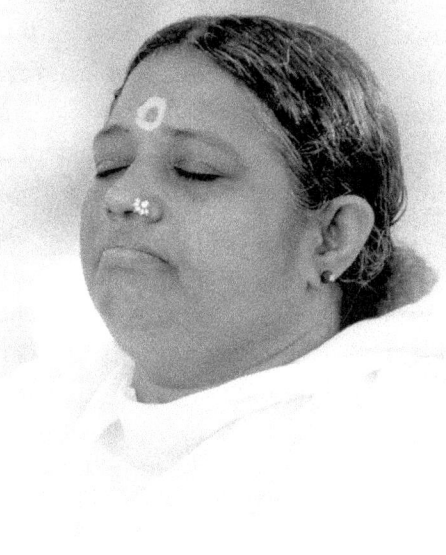

Las normas

Pregunta: Amma, en la vida espiritual se considera importante cultivar la pureza y otros valores morales. Sin embargo, algunos gurus de la Nueva Era niegan que esto sea necesario. Amma, ¿qué opinas Tú sobre esto?

Amma: Es muy cierto que los valores morales desempeñan un papel importante en la vida espiritual. Cada camino, ya sea espiritual o material, tiene sus propias normas que seguir. Será difícil conseguir el resultado deseado si no se siguen las normas prescritas. Cuanto más sutil sea el fruto definitivo, más intenso será el camino a seguir. La realización espiritual es la más sutil de todas las experiencias, por tanto las normas y reglas que exige son rigurosas.

Un paciente no puede beber y comer lo que desee. Dependiendo de su enfermedad, tendrá restricciones en su dieta y en sus movimientos. Si no las sigue, puede verse afectado su proceso curativo. Su condición física puede incluso agravarse si no observa las instrucciones. ¿Sería juicioso que el paciente preguntara si realmente tiene que seguir estas reglas e instrucciones médicas?

Hay músicos que practican dieciocho horas al día para alcanzar la perfección con sus instrumentos. Cualquiera que sea tu interés, tanto si es espiritual, científico, político, deportivo o artístico, tu éxito y progreso en ese terreno dependen únicamente de tu manera de abordarlo, del tiempo que sinceramente dediques a conseguir tu meta, y de hasta qué punto sigues los principios esenciales exigidos.

Pregunta: Entonces, ¿es la pureza la cualidad básica para alcanzar la Meta?

Amma: Puede ser la pureza. Puede ser el amor, la compasión, la capacidad de perdonar, la paciencia o la perseverancia. Elige una cualidad y obsérvala con la mayor fe y optimismo; las otras cualidades la seguirán automáticamente. El propósito es ir más allá de las limitaciones de la mente.

Amma, una ofrenda al mundo

Pregunta: Amma, ¿qué esperas de tus discípulos?

Amma: Amma no espera nada de nadie. Amma se ha ofrecido a sí misma al mundo. Cuando te conviertes en una ofrenda, ¿puedes esperar algo de alguien? Todas las expectativas surgen del ego.

Pregunta: Pero, Amma, te refieres a menudo a la entrega al Guru. ¿No es eso una expectativa?

Amma: Ciertamente, Amma habla de eso, no porque espere la entrega de sus hijos, sino porque es el elemento clave de la vida espiritual. El Guru ofrece todo lo que tiene al discípulo. Dado que el Satguru [Maestro Perfecto] es un alma que se ha entregado por completo, eso es lo que su presencia ofrece y enseña a los discípulos. Sucede espontáneamente. En función de la madurez y comprensión del discípulo, él o ella lo aceptará o lo rechazará. Cualquiera que sea la actitud del discípulo, un Satguru seguirá ofreciendo. No puede hacer otra cosa.

Pregunta: ¿Qué sucede cuando un discípulo se entrega a un Satguru?

Amma: Igual que una bombilla encendida desde la lámpara principal, el discípulo también se convierte en una luz que guía al mundo. El discípulo también llega a ser un Maestro.

Pregunta: ¿Qué es lo más conveniente en ese proceso: la forma del Maestro o su aspecto carente de forma?

Amma: Las dos cosas. La conciencia sin forma inspira al discípulo a través de la forma del Satguru vista como amor puro, compasión y entrega.

Pregunta: ¿El discípulo se entrega a la forma del Maestro o a la conciencia sin forma?

Amma: Empieza como entrega a la forma física; pero acaba como entrega a la conciencia sin forma, que es cuando el discípulo o la discípula realiza su propio Ser Verdadero. Incluso en las etapas iniciales de la sadhana [prácticas espirituales], cuando el discípulo se entrega a la forma del Maestro, en realidad se está entregando a la conciencia sin forma, sólo que no es consciente de ello.

Pregunta: ¿Por qué?

Amma: Porque los discípulos sólo conocen el cuerpo; la conciencia les resulta totalmente desconocida.

Un verdadero discípulo seguirá adorando la forma del Guru como expresión de gratitud hacia el Guru por derramar su gracia y mostrarle el camino.

La forma del Satguru

Pregunta: ¿Puedes explicar la naturaleza de la forma física de un Satguru [Maestro Verdadero] de un modo sencillo?

Amma: Un Satguru tiene forma y no la tiene, las dos cosas; como el chocolate. En el momento en que te lo pones en la boca se deshace y pierde la forma; se vuelve parte de ti. De modo parecido, cuando absorbas realmente las enseñanzas del Maestro y consigas que formen parte de tu vida, te darás cuenta de que el Maestro es la conciencia suprema sin forma.

Pregunta: ¿Así que deberíamos comernos a Amma?

Amma: Sí, cómete a Amma si puedes. Ella está más que dispuesta a convertirse en alimento de tu alma.

Pregunta: Amma, gracias por el ejemplo del chocolate. Eso hace que resulte más fácil comprenderlo, porque me encanta el chocolate.

Amma: (riendo) Pero no te enamores de él, porque sería perjudicial para tu salud.

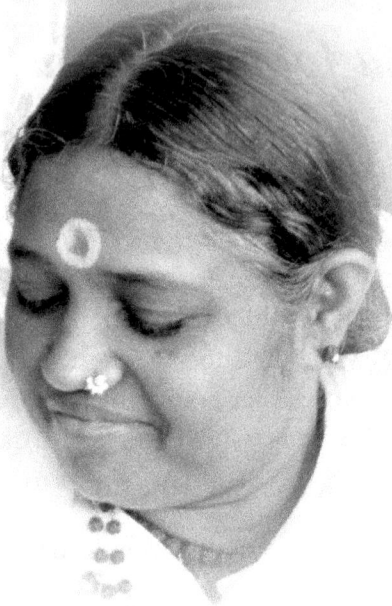

Los discípulos perfectos

Pregunta: ¿Qué se consigue al convertirse en un discípulo perfecto?

Amma: Llegar a ser un Maestro Perfecto.

Pregunta: ¿Cómo Te describirías?

Amma: Desde luego, no me describiría como algo.

Pregunta: ¿Entonces?

Amma: Como la nada.

Pregunta: ¿Eso significa como todo?

Amma: Eso significa que Ella está siempre presente y disponible para todos.

Pregunta: ¿Con "todos" te refieres a los que acuden a Ti?

Amma: "Todos" se refiere a todos aquellos que son receptivos.

Pregunta: ¿Significa eso que Amma no está disponible para aquellos que no son receptivos?

Amma: La presencia física de Amma está disponible para todos, tanto si la aceptan como si no. Pero la experiencia sólo estará disponible para los que estén abiertos a la misma. La flor está ahí, pero la belleza y la fragancia solo la experimentarán los que estén abiertos. Una persona con la nariz tapada no podrá percibir su fragancia. De modo parecido, los corazones cerrados no pueden experimentar lo que Amma está ofreciendo.

Vedanta y la Creación

Pregunta: Amma, hay algunas teorías opuestas sobre la Creación. Los que siguen el camino devocional dicen que Dios creó el mundo, mientras que los vedánticos [no-dualistas] opinan que todo es creación de la mente y, por tanto, sólo estará ahí mientras siga existiendo la mente. ¿Cuál de estos dos puntos de vista es cierto?

Amma: Ambos puntos de vista son correctos. Mientras un devoto ve al Señor Supremo como el Creador del mundo, un vedántico ve a Brahman como el principio subyacente que sirve de sustrato al mundo cambiante. Para el vedántico el mundo es una proyección de la mente, mientras que para un devoto es el lila [juego] de su

Bienamado Señor. Pueden parecer dos perspectivas completamente diferentes, pero si profundizas en ellas, encontrarás que son básicamente la misma.

El nombre y la forma están asociados con la mente. Cuando la mente deja de existir, el nombre y la forma también desaparecen. El mundo o la Creación consiste en nombres y formas. Un Dios o un Creador sólo tiene significado mientras exista la Creación. Incluso Dios tiene un nombre y una forma. Para que el mundo de nombres y formas llegue a existir, se necesita una causa; y a esa causa la llamamos Dios.

El auténtico Vedanta es la forma más elevada de conocimiento. Amma no se refiere al Vedanta bajo la forma de textos escritos, ni al Vedanta al que aluden los supuestos vedánticos. Amma se refiere a Vedanta como la experiencia suprema, como un camino de vida, como ecuanimidad mental en todas las situaciones de la vida.

Pero no es fácil. A menos que se produzca una transformación, no se tendrá esta experiencia. Es este cambio revolucionario a nivel intelectual y emocional que hace que la mente se haga sutil, expansiva y poderosa. Cuanto más sutil y expansiva sea la mente, más se convierte en "no-mente". De forma gradual, la mente irá desapareciendo. Cuando no hay mente, ¿dónde está Dios, y dónde el mundo o la Creación? No obstante, eso no significa que el mundo desaparezca de tu vista, sino que se dará una transformación y verás la Unidad en la diversidad.

Pregunta: ¿Significa que en ese estado Dios también es una ilusión?

Amma: Sí, desde un punto de vista supremo, el Dios con forma es una ilusión. Sin embargo, depende de la profundidad de tu experiencia interior. No obstante, es la actitud de los supuestos vedánticos que egoístamente piensan que hasta las formas de los dioses y diosas son insignificantes y no es correcta. Recordad, el ego nunca nos ayudará en este camino. Sólo la humildad.

Pregunta: Esta parte la entiendo. Pero Amma, también has mencionado que desde un punto de vista supremo, el Dios con forma es una ilusión. ¿Estás diciendo que las diferentes formas de los dioses y diosas son sólo proyecciones de la mente?

Amma: En última instancia lo son. Cualquier cosa perecedera no es real. Todas las formas, incluidas las de los dioses y diosas, tienen un principio y un fin. Lo que nace y muere es mental, está asociado con el proceso del pensamiento. Y cualquier cosa que se asocie con la mente tendrá que cambiar, puesto que existe en el tiempo. La única verdad inmutable es la que siempre permanece, el sustrato de la mente y el intelecto. Eso es el Atman [Ser], el estado definitivo de la existencia.

Pregunta: Si hasta las formas de los dioses y diosas son irreales, ¿qué sentido tiene construirles templos y adorarlos?

Amma: No, no entiendes cuál es la cuestión. No puedes descartar a los dioses y diosas sin más. Para las personas que todavía se identifican con la mente, y que aún no han alcanzado el estado más elevado, esas formas son ciertamente reales y muy necesarias para su crecimiento espiritual. Les ayudan muchísimo.

El gobierno de un país está formado por diferentes secciones y departamentos. Del presidente o del primer ministro hacia abajo, hay una serie de ministros, y por debajo de ellos hay muchos otros funcionarios y distintos departamentos, hasta llegar a los sirvientes y barrenderos.

Supongamos que deseas que se haga algo. Irás directamente al presidente o al primer ministro, si los conoces o tienes contacto con ellos. Eso hará que las cosas te resulten mucho más fáciles y rápidas. Se ocuparán inmediatamente de tu necesidad, sea cual sea. Pero la mayoría de la gente no tiene contacto o influencia directa. Para conseguir que se haga algo o para acceder a un alto dignatario, tendrán que seguir el procedimiento normal: ponerse en contacto con uno de los funcionarios menores o los departamentos inferiores, a veces incluso con un ayudante. De igual modo, mientras estemos en el plano físico de la existencia y nos identifiquemos con la mente y sus esquemas mentales, necesitamos aceptar y reconocer las diferentes formas de la divinidad, hasta establecer una conexión directa con la fuente interior de pura energía.

Pregunta: Pero los vedánticos no suelen estar de acuerdo con esta perspectiva.

Amma: ¿De qué vedánticos estás hablando? Un vedántico que sea un ratón de biblioteca y repite las escrituras como un loro amaestrado o como un magnetófono tal vez no, pero un vedántico auténtico se mostrará absolutamente de acuerdo. Un vedántico que no acepte el mundo y el camino de la devoción no es un verdadero Vedántico. Aceptar el mundo y reconocer la diversidad, y ver al mismo tiempo la única Verdad en la diversidad, es el verdadero Vedanta.

Un vedántico que considere inferior el camino del amor no es un vedántico ni un verdadero buscador espiritual. Los auténticos vedánticos no pueden hacer su práctica espiritual sin amor.

La forma te llevará a lo sin forma, proporcionando a tu práctica espiritual una actitud apropiada. Saguna [forma] es nirguna [sin forma] manifestado. Si uno no entiende este sencillo principio, ¿qué sentido tiene llamarse a sí mismo vedántico?

Pregunta: Amma, has dicho que un devoto ve el mundo como el lila de Dios. ¿Qué significa lila?

Amma: Es una definición en una sola palabra del desapego supremo. El estado definitivo de sakshi [testigo] sin ejercer ninguna forma de autoridad es conocido como lila. Cuando permanecemos fuera de la mente y de sus diversas proyecciones, ¿cómo podemos sentir algún apego o alguna autoridad? Observar todo lo que sucede dentro y fuera sin verse involucrado es auténtica diversión, un hermoso juego.

Pregunta: Nos han dicho que la razón por la que Amma dejó de manifestar Krishna Bhava[1] es porque estabas en ese estado de lila en esa época.

Amma: Esa fue una de las razones. Krishna estaba desapegado. Participaba activamente en todo, pero permanecía totalmente desapegado, distanciándose interiormente de todo lo que ocurría a su alrededor. Ese es el significado de la sonrisa benevolente que siempre tenía en su hermoso semblante.

Durante Krishna Bhava, aunque Amma escuchaba los problemas de los devotos, siempre tenía una actitud más juguetona y desapegada hacia ellos. En ese estado, no había amor ni ausencia de amor, no había compasión ni ausencia de compasión. No se expresaba el afecto maternal y el apego necesarios para tener en cuenta los sentimientos de los devotos y transmitirles un profundo interés. Era un estado de más allá. Amma pensó que eso no ayudaría mucho a los devotos. Así que decidió amar y servir a sus hijos como una madre.

"¿Eres feliz?"

Pregunta: Amma, me he enterado de que le preguntas a la gente que acude al darshan: "¿Feliz?" ("Happy?") ¿Por qué se lo preguntas?

Amma: Es como una invitación a ser feliz. Si eres feliz, estás abierto, y entonces el amor de Dios o shakti [energía divina] pueden fluir dentro de ti. Así que en realidad Amma le está diciendo a esa persona que sea feliz para que la shakti de Dios pueda entrar en ella. Cuando eres feliz, cuando estás abierto y receptivo, tendrás cada vez más felicidad a tu alcance. Cuando te sientes infeliz, te cierras y lo pierdes todo. El que está abierto es feliz. Eso atraerá a Dios a tu interior. Y cuando Dios está en el santuario de tu corazón, solo puedes ser feliz.

Un gran ejemplo

El día que llegamos a Santa Fe estaba lloviznando. El anfitrión de Amma en el Centro Amma de Nuevo México dijo: "Siempre pasa en Santa Fe. Después de una larga sequía, llueve cuando Amma llega."

Ya había oscurecido cuando llegamos a la casa en la que se hospedaba Amma. Amma se demoró un poco en salir del coche. Nada más bajarse del coche, el anfitrión le ofreció a Amma Sus sandalias. A continuación, se dirigió hacia la parte delantera del coche con la esperanza de guiar a Amma al interior de la casa.

Amma dio unos pocos pasos hacia la parte delantera del coche; pero de pronto se volvió y dijo: "No, a Amma no le gusta pasar por delante. Esa es la cara del coche y resulta irrespetuoso pasar por delante". Tras decir estas palabras, Amma dio la vuelta y pasó por detrás del coche en dirección a la casa. Esta no ha sido la única vez que Amma se comportaba de ese modo. Cuando Amma sale de un coche, hace eso.

No hay mayor ejemplo de cómo el corazón de Amma se abre a todas las cosas, incluso a los objetos inanimados.

Las relaciones

Mientras una persona estaba recibiendo darshan, volvió su cabeza hacia mi y me dijo: "Por favor, pregúntale a Amma si puedo abandonar las continuas citas y aventuras amorosas".

Amma: (con una sonrisa traviesa) ¿Qué pasó, tu novia se ha ido con otro?

Pregunta: (bastante asombrado) ¿Cómo lo has sabido?

Amma: Es muy sencillo. Esa es una de las ocasiones en la vida en las que se piensan esas cosas.

Pregunta: Amma, siento celos de que mi novia continúe su amistad con su novio anterior.

Amma: ¿Es esa la razón por la que deseas dejar las citas amorosas?

Pregunta: Estoy harto y cansado de situaciones parecidas. Ya tengo bastante. Ahora quisiera tener paz y centrarme en mis prácticas espirituales.

Amma no preguntó nada más y continuó dando darshan. Al cabo de un rato, el hombre me preguntó: "Me pregunto si Amma puede darme algún consejo".
Amma oyó cómo hablaba conmigo.

Amma: Hijo, Amma pensó que tú ya habías decidido lo que ibas a hacer. ¿No dijiste que ya estabas harto de todo eso? De ahora en adelante quieres tener una vida pacífica, centrada en tus prácticas espirituales, ¿no es así? Esa parece la solución correcta. Así que adelante, hazlo así.

El hombre permaneció en silencio algún tiempo, pero parecía inquieto. En un momento dado, Amma lo miró. A través de su mirada y su sonrisa, pude ver en Amma a la Gran Maestra haciendo girar la legendaria varilla en sus manos, dispuesta a remover algo y hacerlo aparecer en la superficie.

Pregunta: ¿Eso significa que Amma no tiene nada que decirme?

De pronto, el pobre hombre empezó a llorar.

Amma: (secando sus lágrimas) Ven, hijo mío. ¿Cuál es tu problema? Ábrete y cuéntaselo a Amma.

Pregunta: Amma, hace un año me encontré con ella en uno de los programas de Amma. Cuando nos miramos a los ojos, supimos que estábamos destinados a seguir juntos. Así es cómo empezó. Y ahora, de pronto, este hombre -su antiguo novio- se ha interpuesto entre nosotros dos. Ella dice que sólo es un amigo, pero hay situaciones en las que realmente dudo de sus palabras.

Amma: ¿Por qué dudas de lo que ella te ha dicho?

Pregunta: Ahora me encuentro en esta situación: tanto ella como su antiguo novio están aquí conmigo en el programa de Amma. Ella pasa más tiempo con él que conmigo. Lo estoy pasando muy mal. No sé qué hacer. Estoy deprimido. Me resulta difícil centrarme en Amma, que es para lo que he venido aquí. Mi meditación no tiene la misma intensidad, y ni siquiera puedo dormir bien.

Amma: (bromeando) ¿Sabes qué? Puede que él la esté elogiando, diciendo: "Mira, cariño, eres la mujer más hermosa del mundo. Y no puedo pensar en otra mujer desde que te he conocido". Puede que le exprese más amor, dejándole hablar mucho y guardando silencio incluso cuando se sienta provocado. ¡Y para colmo, debe de estar comprándole un montón de chocolate! A diferencia de él, su impresión sobre ti podría ser que eres un fanfarrón que siempre la está provocando, se pelea con ella y cosas por el estilo.

Al oír estas palabras, el hombre y los devotos sentados alrededor de Amma se pusieron a reír de buena gana. Pero él fue sincero al confesarle a Amma que era, más o menos, como ella lo había descrito.

Amma: (dándole una palmadita en la espalda) ¿Sientes mucha rabia y odio hacia ella?

Pregunta: Sí, pero mucho más hacia él. ¡Mi mente está tan agitada!

Amma le tocó la palma de la mano. Estaba muy caliente.

Amma: ¿Dónde está ella ahora?

Pregunta: Estará por aquí.

Amma: (en inglés) Ve a hablarle.

Pregunta: ¿Ahora?

Amma: (en inglés): Sí, ahora.

Pregunta: No sé dónde está.

Amma: (en inglés) Ve a mirar.

Pregunta: Sí, lo haré. Pero antes tengo que encontrarlo a él, pues allí estará ella. De todos modos, Amma, ¿por qué no me dices ahora si debo continuar o acabar con esta relación? ¿Crees que se puede restablecer la relación?

Amma: Hijo, Amma sabe que tú todavía estás apegado a ella. Lo más importante es convencerte de que ese sentimiento que tú llamas amor no es amor, sino apego. Solo esa convicción te permitirá salir de esa agitada condición mental en la que te encuentras ahora. Tanto si tienes éxito como si fracasas en restablecer esta relación, seguirás sufriendo mientras no seas capaz de distinguir claramente entre apego y amor.

Amma va a contarte una historia. Una vez un alto funcionario visitó un hospital psiquiátrico. El médico encargado organizó un recorrido por las instalaciones. En una de las celdas había un paciente que repetía: "Pumpum... Pumpum... Pumpum..." mientras se balanceaba adelante y atrás en una silla. El funcionario se interesó por la causa de aquella enfermedad y preguntó al doctor si había alguna relación entre lo que decía el paciente y su dolencia.

El doctor contestó: -Es una triste historia, señor. Pumpum era el nombre de la chica que amaba. Ella le dejó plantado y se fue con otro. Después, él se volvió loco.

-Pobre hombre -comentó el funcionario y siguió adelante. Al pasar por la siguiente celda se quedó sorprendido de nuevo al ver a otro paciente que repetía: "Pumpum... Pumpum... Pumpum..." mientras se golpeaba la cabeza contra la pared. Volviéndose hacia el médico, el funcionario preguntó perplejo:

-¿Qué es todo esto? ¿Por qué repite este paciente el mismo nombre? ¿Hay alguna relación?

-Si, señor -respondió el médico-. Este es el hombre que finalmente se casó con Pumpum.

El hombre se echó a reír.

Amma: Mira, hijo, el amor es como una flor que se abre. No puedes obligarla a que se abra. Si la abres a la fuerza, toda la belleza y fragancia de la flor quedará destruida, y ni tú ni nadie más la disfrutará. Por el contrario, si dejas que se abra por sí misma, de forma natural, entonces podrás disfrutar de su dulce fragancia y del color de sus pétalos. Así que ten paciencia, obsérvate. Sé un espejo e intenta ver dónde te equivocaste y cómo.

Pregunta: Creo que mis celos y mi rabia sólo terminarán si me caso con Dios.

Amma: Sí, tú lo has dicho. Enamórate de Dios. Sólo la unión con la verdad espiritual te permitirá ir más allá y encontrar verdadera paz y felicidad.

Pregunta: ¿Me ayudarás en este proceso?

Amma: La ayuda de Amma siempre está ahí. Solo tienes que verla y aceptarla.

Pregunta: Muchas gracias, Amma. Ya me has ayudado.

¿Qué hace un Maestro Verdadero?

Pregunta: Amma, ¿qué hace un Satguru [Maestro Verdadero] por su discípulo?

Amma: Un Satguru le ayuda a ver sus flaquezas.

Pregunta: ¿De qué modo le ayuda?

Amma: Ver sus flaquezas supone darse cuenta de ellas y aceptarlas. Cuando el discípulo las acepta, es más fácil superarlas.

Pregunta: Amma, cuando dices "flaquezas", ¿te estás refiriendo al ego?

Amma: La ira es una flaqueza, los celos es una flaqueza, el odio, el egoísmo, el temor, todos ellos son flaquezas. Sí, la causa que origina todas esas flaquezas es el ego. La mente, con todas sus limitaciones y flaquezas, es conocida como ego.

Pregunta: Así, básicamente, estás diciendo que la tarea del Satguru es trabajar el ego del discípulo.

Amma: La tarea de un Satguru es ayudar al discípulo a darse cuenta de la insignificancia de ese mezquino fenómeno conocido como ego. El ego se parece a una llama ardiendo en una pequeña lámpara de aceite.

Pregunta: ¿Por qué es importante conocer la insignificancia del ego?

Amma: Porque no hay nada nuevo ni digno de mención en el ego. Cuando tenemos a nuestra disposición la luminosidad del sol, ¿por qué vamos a preocuparnos por esta pequeña llama que puede extinguirse en cualquier momento?

Pregunta: Amma, ¿podrías explicar un poco más esta cuestión?

Amma: Tú eres el todo, la divinidad. Comparado con eso, el ego no es más que una pequeña llama. Aunque, por un lado, el Satguru elimina el ego, por otro lado te lo concede todo. El Satguru eleva tu estatus de pordiosero a emperador, el Emperador del Universo. De ser simplemente el que recibe, el Satguru te hace el que da, el que da todo a aquellos que se acerquen a ti.

Las acciones de un Mahatma

Pregunta: ¿Es cierto que cualquier cosa que haga un Mahatma tiene un significado?

Amma: Es mejor decir que cualquier cosa que haga una alma iluminada tiene un mensaje divino, un mensaje que transmite los profundos principios de la vida. Hasta las cosas aparentemente sin sentido que haga tendrán ese mensaje.

Había un Mahatma cuya única tarea consistía en subir rodando grandes rocas hasta lo alto de una montaña. Eso fue lo único que hizo hasta su muerte. Nunca se aburrió ni se quejó de nada. La gente pensaba que estaba loco, pero no lo estaba. A veces pasaba varias horas, o incluso días, para llevar rodando una roca sin ayuda hasta lo alto de la montaña. Una vez conseguía llevarla hasta allí, la tiraba montaña abajo. Al ver cómo rodaba la roca desde lo alto hasta el pie de la montaña, el Mahatma aplaudía y se echaba a reír como un niño pequeño.

Para progresar en cualquier terreno hace falta mucho valor y energía, pero no se tarda ni un momento en destruir todo lo que hemos conseguido a través de un duro esfuerzo. Esto es bien cierto incluso en el desarrollo de las virtudes. Esta Gran Alma no se sentía en absoluto apegada al sincero esfuerzo que ponía para llevar la roca hasta lo alto. Por eso se reía como un niño al tirarla montaña abajo: la risa del supremo desapego. Probablemente esa era la enseñanza que deseaba transmitir a los demás.

Tal vez la gente interprete y juzgue las acciones de un Mahatma. Si lo hace es porque su mente carece de la sutileza necesaria para penetrar por debajo de la superficie. La gente tiene expectativas, pero un verdadero Mahatma no puede satisfacer las expectativas de nadie.

Los abrazos de Amma hacen despertar a sus hijos

Pregunta: Si alguien dijera que puede hacer lo mismo que Tú estás haciendo, es decir abrazar a la gente, ¿qué le responderías?

Amma: Eso sería maravilloso. El mundo necesita muchos más corazones compasivos. Amma sería feliz si otra persona pensara en servir a la humanidad abrazando a la gente con auténtico amor y compasión como su dharma [deber], porque una sola Amma no puede abrazar físicamente a toda la raza humana. Pero una auténtica madre nunca se atribuirá ningún mérito por el sacrificio que hace por sus hijos.

Pregunta: Amma, ¿qué sucede cuando abrazas a la gente?

Amma: Cuando Amma abraza a la gente, lo que está ocurriendo no sólo es un contacto físico. El amor que siente Amma por toda la creación fluye hacia cada persona que acude a ella. Esa pura vibración de amor purifica a la gente y la ayuda en su despertar interior y su crecimiento espiritual.

Tanto los hombres como las mujeres del mundo actual necesitan despertar las cualidades maternales. Los abrazos de Amma son para ayudarles a ser más conscientes de esta necesidad universal.

El amor es el único lenguaje que todo ser vivo puede comprender. Es universal. El amor, la paz, la meditación y moksha [la liberación] son todos universales.

Cómo hacer que el mundo se convierta en Dios

Pregunta: Como padre de familia, tengo muchas responsabilidades y obligaciones. ¿Cuál debería ser mi actitud?

Amma: Tanto si eres monje como padre de familia, lo más importante es tu manera de ver y reflexionar sobre la vida y las experiencias que te brinda. Si tu actitud es positiva y de aceptación, vives en Dios aunque vivas en el mundo. Entonces, el mundo se convierte en Dios y sientes la presencia de Dios en cada momento. Pero una actitud negativa provocará el efecto contrario: eliges vivir con el diablo. Un sadhak [aspirante espiritual] sincero debería centrarse en conocer su propia mente y sus bajas tendencias, intentando trascenderlas en todo momento.

Una vez le preguntaron a un Mahatma: -Maestro, ¿estás seguro de que irás al cielo cuando mueras?

El Mahatma respondió: -"Sí, por supuesto.

-Pero, ¿cómo lo sabes? No estás muerto, y ni siquiera sabes lo que piensa Dios.

-Mira, es cierto que no tengo idea de lo que piensa Dios, pero conozco mi mente. Estoy siempre feliz en todas partes. Por tanto, aunque estuviera en el infierno, me sentiría feliz y en paz -respondió el Mahatma.

Esa felicidad y esa paz son verdaderamente el cielo. Todo depende de nuestra mente.

El poder de las palabras de Amma

He tenido esta experiencia no sólo una vez, sino cientos de veces. Supongamos que alguien me hace una pregunta o me consulta un serio problema. Trato de responder a la pregunta y abordar el problema de un modo muy descriptivo y lógico.

Tras expresarme su aprecio y agradecimiento sinceros, se alejan aparentemente felices con mi solución, mientras los observo con un ligero aire de orgullo. Pero enseguida veo a la misma persona que se dirige a otro swami y le hace la misma pregunta, lo que indica claramente que no ha quedado satisfecha con mi consejo. Sin embargo, esa persona continúa sufriendo.

Finalmente acuden a Amma. Ella les responde de un modo similar. Quiero decir que las palabras, y a veces hasta los ejemplos, son los mismos. Pero de pronto se produce un cambio en esa persona. Desaparece por completo cualquier sombra de duda, temor o sufrimiento, y se ilumina su rostro. Verdaderamente la diferencia es enorme.

Siempre pienso: "¿En que consiste la diferencia? Amma no dice nada nuevo, pero el impacto es tremendo".

Tomemos como ejemplo el siguiente incidente: cuando Amma estaba sirviendo comida durante un retiro, una doctora india que vivía en Estados Unidos desde hacía 25 años se acercó a mí y me dijo: "Este es mi primer encuentro con Amma. Me gustaría hablar con usted o con otro swami".

A continuación la señora me contó una historia conmovedora. Su esposo había hecho una peregrinación al Monte Khailas, en los Himalayas, hacía dos años. Allí sufrió un ataque al corazón y murió en aquel lugar. Aquella mujer no podía superar el dolor y la tristeza. Me dijo: "Estoy enfadada con Dios. Dios es despiadado". Escuché su historia mostrando toda la simpatía que pude hacia ella.

Hablé con ella y traté de convencerla de los aspectos espirituales de la muerte, dándole numerosos ejemplos que suele utilizar Amma.

Al final le dije que, de hecho, su marido había sido muy afortunado al exhalar su último suspiro en la sagrada morada del Señor Shiva. "Tuvo una muerte magnífica", le recordé.

Por último, cuando se fue la mujer dijo: "Muchas gracias, pero todavía siento mucho dolor".

A la mañana siguiente, la mujer volvió para el darshan. Antes de que pudiera relatarle a Amma su historia, Amma la miró profundamente a los ojos y le preguntó en inglés: "¿Triste?"

Era obvio que Amma sentía su profunda tristeza. Mientras le contaba la historia a Amma, ella sostuvo a la mujer en su regazo mostrándole un gran afecto. A los pocos minutos, Amma alzó gentilmente el rostro de la mujer y la miró fijamente a los ojos. Amma le dijo: -La muerte no es el final, no es la completa aniquilación, sino el principio de una nueva vida. Tu esposo fue afortunado. Amma lo ve feliz y en paz.. Así que no te apenes.

La mujer dejó de llorar de golpe y su rostro reflejó muchísima paz.

Aquella noche volví a verla. Parecía muy aliviada. Me dijo: -Ahora siento mucha paz. Amma realmente me ha bendecido. No sé cómo ha podido llevarse toda mi tristeza tan de repente.

Más tarde, pensando en esto, le hice la siguiente pregunta a Amma: -¿Cómo es que tus palabras producen una transformación tan grande? ¿Por qué no sucede lo mismo cuando hablamos nosotros?

-Porque tú estás casado con el mundo y divorciado de lo divino.

-Amma, la mente busca más explicaciones; así que ¿serías tan amable de explicar eso un poco más?

-Casado con el mundo significa "identificado con la mente", lo que produce apego al mundo de la diversidad y sus objetos. Esto te mantiene separado o divorciado de tu divina naturaleza interior.

"Es como un estado de hipnosis. Cuando salimos de la hipnosis de la mente, se produce un divorcio interior. En ese estado, puedes seguir relacionándote con el mundo, pero tu matrimonio interior, o unión con la divinidad, te ayuda a ver la naturaleza cambiante y falsa del mundo. Por tanto, permaneces intocado o desapegado. Ya no estás hipnotizado por el mundo y sus objetos.

Este es, en realidad, el supremo estado de realización del Ser. Entonces te das cuenta de que la unión o matrimonio con el mundo no es verdadero. La verdad reside en la reconciliación con la divinidad y en permanecer eternamente casado con ella. Las gopis [esposas de los pastores] de Vrindavan se consideraban a sí mismas las novias del Señor Krishna. Internamente estaban casadas con él, con la divinidad, y permanecían divorciadas del mundo".

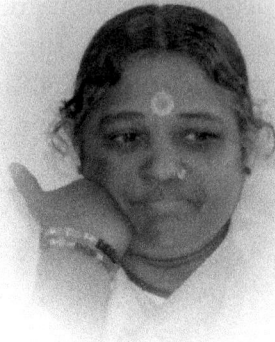

Los científicos y los santos

espuesta a un devoto que preguntó sobre los no creyentes:

Amma: ¿No creemos a los científicos cuando nos hablan sobre la luna y Marte? ¿Y sin embargo, cuántos de nosotros podemos realmente confirmar que lo que dicen es cierto? Sin embargo, confiamos en las palabras de los científicos y de los astrónomos ¿verdad? De igual modo, los santos y los videntes del pasado experimentaron durante años en sus laboratorios internos y alcanzaron la verdad suprema, que es el sustrato del universo. Igual que confiamos en las palabras de los científicos que nos hablan de hechos que nos resultan desconocidos, también deberíamos tener fe en las palabras de los Grandes Maestros que nos hablan de la Verdad en la que están establecidos.

Cómo ir más allá de los pensamientos

Pregunta: Amma, parece que estos pensamientos no se acaban nunca. Cuanto más meditamos, más pensamientos acuden. ¿Por qué sucede? ¿Cómo podemos eliminar estos pensamientos e ir más allá de ellos?

Amma: Los pensamientos, que son los que forman la mente, en realidad son inertes. Su fuerza procede del Atman. Nuestros pensamientos son nuestra propia creación. Los hacemos reales al cooperar con ellos. Si les retiramos nuestro apoyo, desaparecerán. Observa los pensamientos de cerca, sin etiquetarlos. Entonces verás cómo van desapareciendo paulatinamente.

La mente ha estado acumulando pensamientos y deseos desde hace siglos, a través de los diferentes cuerpos de tus sucesivos nacimientos. Todas estas emociones están profundamente enterradas. Lo que tú ves o experimentas en la superficie de la mente es solo una pequeña porción de las ocultas capas latentes en ti. Cuando tratas de calmar la mente a través de la meditación, esos pensamientos emergen lentamente a la superficie. Es como tratar de fregar un suelo que no se ha limpiado desde hace mucho tiempo. Al empezar el proceso, cuanto más fregamos, más suciedad aparece en la superficie, porque el suelo ha estado acumulando suciedad durante años.

Lo mismo pasa con la mente: antes no prestábamos atención a los diversos pensamientos que pasaban por nuestra mente. Al igual que el suelo sucio, la mente ha estado recogiendo pensamientos, deseos y emociones durante mucho tiempo. Nosotros sólo éramos conscientes de los pensamientos superficiales. No obstante, debajo de la superficie, hay numerosísimas capas de pensamientos y emociones. Igual que aparece más suciedad al iniciar la limpieza del suelo, se hacen más evidentes los pensamientos a medida que nuestra meditación se vuelve más profunda. Sigue limpiando y desaparecerán.

De hecho, es bueno que salgan a relucir, porque cuando los ves y los reconoces es más fácil eliminarlos. No pierdas la paciencia. Persiste y sigue realizando tu sadhana [práctica espiritual]. Cuando llegue el momento, obtendrás la fuerza para superarlos.

La violencia, la guerra
y la solución

Pregunta: ¿Qué podemos hacer para poner fin a la guerra y el sufrimiento?

Amma: Ser más compasivos y tener más comprensión.

Pregunta: Esa quizás no sea una solución inmediata.

Amma: Una solución inmediata o de efecto rápido es casi imposible. La aplicación de un programa con plazos marcados quizás tampoco daría resultado.

Pregunta: Pero eso es lo que la gente amante de la paz está pidiendo. Quieren una solución de efecto inmediato.

Amma: Eso está bien. Deja que ese deseo de encontrar una solución de efecto inmediato siga creciendo y que se convierta en un intenso anhelo. Sólo de ese profundo anhelo surgirá una solución de efecto inmediato.

Pregunta: Muchas personas con inclinaciones espirituales opinan que la violencia y la guerra exteriores sólo son una manifestación de la violencia interior. ¿Qué opinas Tú?

Amma: Es cierto. Sin embargo, hay que comprender que, al igual que la violencia forma parte de la mente humana, también forman parte de ella la felicidad y la paz. Y si las personas realmente quieren, pueden encontrar paz dentro y fuera. ¿Por qué la gente está más centrada en los aspectos agresivos y destructivos de la mente? ¿Por qué descuida totalmente la compasión infinita y las cumbres creativas que la misma mente puede alcanzar?

Al fin y al cabo, todas las guerras no son más que el anhelo de la mente por expresar su violencia interna. La mente tiene una parte primitiva, sin desarrollar o apenas desarrollada. La guerra es la consecuencia de esa parte primitiva de la mente. La naturaleza belicosa de la mente es solo un ejemplo, que demuestra que todavía no hemos superado nuestra mente primitiva. Hasta que no se trascienda esa parte, la guerra y los conflictos continuarán en la sociedad. La vía adecuada y saludable de abordar la cuestión de la guerra y la violencia es buscar el camino correcto de superar este aspecto primitivo de la mente y ponerlo en práctica.

Pregunta: ¿Es la espiritualidad ese camino?

Amma: Sí, el camino es la espiritualidad; la transformación de nuestro proceso de pensamiento y la superación de nuestras debilidades y limitaciones mentales.

Pregunta: ¿Crees que las personas de todas las creencias lo aceptarían?

Amma: Tanto si lo aceptan como si no, es la verdad. La situación actual sólo cambiará cuando los líderes espirituales adopten la iniciativa de difundir los principios espirituales de sus respectivas religiones.

Pregunta: Amma, ¿piensas que el principio básico de todas las religiones es la espiritualidad?

Amma: Eso no es un pensamiento de Amma. Es la firme creencia de Amma. Es la verdad.

La religión y sus principios esenciales no han sido comprendidos adecuadamente. De hecho, hasta han sido mal interpretados. Hay dos aspectos en cada una de las religiones del mundo: el externo y el interno. El externo es la filosofía o la parte intelectual, y el interno es la parte espiritual. Los que se apegan demasiado a la parte externa de la religión se extraviarán. Las religiones son indicadores. Señalan una meta, y la meta es la realización espiritual. A fin de alcanzar esa meta, hay que trascender el indicador, es decir, las palabras.

Por ejemplo, tienes que cruzar un río. Necesitas usar una barca. Sin embargo, una vez que llegas a la otra orilla, debes dejar la barca y seguir adelante. Si en cambio te muestras inflexible y dices: "Me gusta tanto esta barca que no voy a dejarla. Voy a quedarme aquí", entonces no llegarás a la otra orilla. La religión es la barca. Úsala para cruzar el océano de los malentendidos y las ideas equivocadas sobre la vida. Sin comprender y practicar esto, no llegará la auténtica paz, ni exterior ni interior.

La religión es como una valla que protege a las pequeñas plantas de los animales. Cuando estas se convierten en árboles, ya no es necesaria la valla. Así, podemos decir que la religión es como la valla y la realización como el árbol.

Alguien puede señalar con el dedo índice una fruta en un árbol. Miramos primero la punta del dedo y luego más allá. Si no miramos más allá de la punta del dedo, no conseguiremos la fruta. En el mundo actual, las personas de todas las religiones están perdiéndose el fruto. Están demasiado apegadas, e incluso obsesionadas, con la punta del dedo: las palabras y los aspectos externos de sus religiones.

Pregunta: ¿Crees que no hay bastante conciencia de este hecho en la sociedad?

Amma: Se está haciendo un gran trabajo para crear esa conciencia. Pero la intensidad de la oscuridad es tal que necesitamos despertar y esforzarnos más. Desde luego, hay personas y organismos ocupados en crear esta conciencia. Pero no se alcanzará la meta sólo organizando congresos o hablando de paz. La verdadera conciencia sólo llega con una vida meditativa. Es algo que debería darse interiormente. Todas las organizaciones y personas activamente involucradas en establecer un mundo pacífico y sin guerras deberían insistir en esta cuestión. La paz no es el resultado de un ejercicio intelectual. Es un sentimiento, mejor dicho, un florecimiento que ocurre interiormente como resultado de dirigir nuestra energía por los canales apropiados. Eso es lo que hace la meditación.

Pregunta: ¿Cómo podrías describir el estado actual del mundo?

Amma: En la matriz materna, el feto humano al principio tiene la forma de un pequeño pez. Cuando ya está a punto de nacer parece un mono. Aunque nos consideramos personas civilizadas que hemos hecho grandes avances científicos, muchas de nuestras acciones indican que por dentro seguimos estando como en el último estadio en la matriz.

En realidad, Amma diría que la mente humana está mucho más avanzada que la de un mono. Un mono sólo puede saltar de una rama a otra, de un árbol a otro, pero la mente mono-humana puede conseguir mayores logros. Puede saltar de aquí a cualquier lugar, a la luna o a las cumbres del Himalaya, y del presente al pasado y al futuro.

Sólo un cambio interno basado en una visión espiritual aportará paz y pondrá fin al sufrimiento. La mayoría de la gente es inflexible en sus actitudes. Su lema es: "Sólo cambiaré cuando tú cambies". Esto no ayudará a nadie. Si tú cambias primero, los demás también cambiarán automáticamente.

Cristo y el cristianismo

Pregunta: Soy cristiana de nacimiento. Amo a Cristo, pero también amo a Amma. Tú eres mi Guru. Sin embargo, me encuentro ante un dilema, pues mis dos hijos, que son ardientes seguidores de la iglesia de Jesús, sólo creen en eso. Siempre me dicen: "Mamá, nos sentimos tristes porque no te veremos en el cielo, pues irás al infierno por no seguir a Cristo". Yo trato de hablar con ellos, pero no me escuchan. Amma, ¿qué debo hacer?

Amma: Amma comprende perfectamente la fe que ellos tienen en Cristo. De hecho, Amma aprecia sinceramente y siente un gran respeto por la gente que tiene una profunda fe en su religión y en un Dios personal. Sin embargo, es totalmente erróneo e ilógico decir que todos los que no creen en Cristo irán al infierno. Cuando Cristo dijo: "Amad a los demás como a vosotros mismos", no quiso decir: "Amad sólo a los cristianos". Decir que todos excepto los cristianos irán al infierno, es no tener en cuenta a los demás por una falta total de amor. Es una mentira. Mentir es contrario a Dios. La divinidad o la santidad suponen ser verdaderos, pues Dios es pura Verdad. Dios está en la consideración y amor hacia los demás.

Una afirmación como por ejemplo: "Todos vosotros iréis al infierno porque no seguís a Cristo", muestra una total falta de respeto y de bondad hacia el resto de la humanidad. ¡Qué actitud más altiva y cruel, es decir, que todos los santos, sabios y millones de personas que vivieron antes de Cristo fueron al infierno! ¿Quieren decir que sólo se tiene la experiencia de Dios desde hace 2.000 años, o que Dios sólo tiene 2.000 años? Esto va contra la propia naturaleza de Dios, que es omnipresente y está más allá del tiempo y del espacio.

Jesús era Dios manifestado en forma humana. Amma no tiene ningún problema en aceptarlo. Sin embargo, eso no significa que todas las grandes encarnaciones anteriores y posteriores a él no sean Avatares [Dios que desciende en forma humana] o que sean incapaces de salvar a los que tienen fe en ellos.

¿No dijo Cristo: "El reino de los cielos está dentro de vosotros"? Esta es una afirmación sencilla y sincera. ¿Qué quiere decir? Significa que Dios reside dentro de vosotros. Si el cielo está dentro, el infierno también lo está. Es vuestra mente. La mente es una herramienta muy eficaz. Puede utilizarse para crear tanto el cielo como el infierno.

Todos los Mahatmas, incluido Cristo, dan una gran importancia al amor y a la compasión. En realidad, el amor y la compasión son los principios fundamentales de todas las religiones. Estas divinas cualidades sirven de sustrato a todas las creencias. Sin aceptar la pura conciencia como el principio esencial subyacente a todo, uno no puede amar y sentir compasión hacia los demás. Decir: "Te amo, pero solo si eres cristiano", es como decir: "Sólo los cristianos tienen conciencia, y todos los demás son objetos inertes". Negar la conciencia es negar el amor y la Verdad.

Hija, por lo que respecta a tu actitud hacia la situación que vives, Amma no cree que sea fácil cambiar la forma de sentir de tus hijos. Y tampoco es necesario. Déjalos con su fe. Sigue a tu corazón y continúa haciendo silenciosamente lo que consideres correcto. Después de todo, lo que realmente cuenta es el profundo sentimiento que tengas en tu corazón.

Sed buenos cristianos, hindúes, budistas, judíos o musulmanes, pero no perdáis nunca vuestro discernimiento ni os convirtáis en unos dementes en nombre de la religión.

Iniciación a un mantra de Cristo

Un joven cristiano le pidió a Amma un mantra. Ella le preguntó: -¿Cuál es la forma de la deidad que amas?
    -Depende de ti, Amma. Recitaré el mantra del dios que elijas -contestó el joven.

Amma le respondió: -No, Amma sabe que naciste y creciste como cristiano, y por tanto ese samskara [tendencias predominantes heredadas de esta vida y de vidas pasadas] está profundamente arraigado en ti.

Después de pensarlo un momento, el joven dijo: -Amma, si quieres que elija la deidad, entonces por favor iníciame en un mantra de Kali.

Amma rehusó cariñosamente esta petición y dijo: -Mira, Amma sabe que tratas de complacerla. Para Amma es lo mismo si recitas un mantra de Kali o un mantra de Cristo. Sé sincero contigo mismo y ábrete a Amma. Esta es la actitud que hace realmente feliz a Amma.

-Pero, Amma, ¡si yo recito el mantra Mrityunjaya y otras oraciones hindúes! –dijo, tratando de convencer a Amma.

Ella le respondió: -Eso puede ser cierto, sin embargo debes recitar un mantra de Cristo, pues ese es tu samskara predominante. Si recitas otros mantras, tendrás dificultades para mantenerlos a lo largo del tiempo. Surgirán pensamientos conflictivos.

No obstante, el joven se mostró inflexible. Quería que Amma eligiera un mantra para él o que lo iniciara en un mantra de Kali. Al final, Amma dijo: -De acuerdo, hijo, vas a hacer una cosa: siéntate en silencio y medita un rato. Vamos a ver qué pasa.

A los pocos minutos, tras salir de su meditación, Amma le preguntó: -Ahora dile a Amma: ¿cuál es tu deidad bienamada?. El joven sonrió sin decir nada. Amma le preguntó: -Cristo, ¿verdad? El muchacho contestó: -Sí, Amma. Tienes razón, y yo estaba equivocado.

Amma le dijo: -Amma no ve diferencias entre Cristo, Krishna y Kali. Pero, aunque tú los veas iguales en tu mente consciente, en tu subconsciente los consideras diferentes. Amma desea que te des cuenta de eso y lo aceptes. Por eso Ella te ha pedido que meditaras.

El joven estaba feliz, y Amma lo inició en un mantra de Cristo.

Los buscadores confusos
y el camino de salida

Pregunta: Amma, hay personas que han estado realizando una intensa práctica espiritual durante mucho tiempo, pero también están muy confundidos. Algunos llegan a decir que ya han completado su viaje. ¿Cómo podemos ayudarlos?

Amma: ¿Cómo va alguien a ayudarlos si ellos no sienten esa necesidad? Para salir de la oscuridad o del error, uno debería saber primero que está en la oscuridad. Es otro estado mental complejo. Estos hijos están atrapados ahí y les resulta difícil aceptar la verdad. ¿Cómo se puede tener pretensión alguna, como hacen estos hijos, si estuvieran totalmente libres de todas las formas de ego?

Pregunta: ¿Qué les impulsa a ese estado mental equivocado?

Amma: Su concepto equivocado de la espiritualidad y de la auto-indagación.

Pregunta: ¿Pueden ser salvados?

Amma: Sólo si ellos lo desean.

Pregunta: ¿No puede salvarlos la gracia de Dios?

Amma: Desde luego, pero ¿están abiertos para recibir esa gracia?

Pregunta: Si la gracia y la compasión son incondicionales, ¿no es una condición el estar abiertos?

Amma: La apertura no es una condición. Es una necesidad tan indispensable como comer o dormir.

Un Maestro Verdadero
ayuda a completar el viaje

Pregunta: Algunos opinan que no es necesaria la guía de un Guru para alcanzar la Realización de Dios. Amma, ¿qué piensas sobre esto?

Amma: Una persona físicamente ciega ve la oscuridad en todas partes. Así que busca ayuda. Sin embargo, aunque las personas son espiritualmente ciegas, no lo entienden. Y si lo entendieran, no lo aceptarían. Por lo tanto, les es difícil buscar orientación.

La gente tiene diferentes opiniones y pueden expresarlas libremente. Los que tienen un intelecto más agudo pueden demostrar o desmentir muchas cosas. Pero sus afirmaciones no tienen por qué ser necesariamente ciertas. Cuanto más intelectual eres, más ególatra eres. A una persona así no le resulta fácil entregarse. La experiencia de Dios no se hará realidad a menos que el ego se entregue. Los que tienen demasiado apego a su ego, encontrarán muchas formas para justificar sus acciones egoístas. Si alguien afirma que no es necesaria la guía de un Guru para llegar a Dios, a Amma le parece que esas personas temen entregar su ego. O quizás ellos mismos ansían ser un Guru.

Aunque nuestra verdadera naturaleza es divina, hemos estado identificados mucho tiempo con el mundo de los nombres y las formas, pensando que es real. Lo que necesitamos ahora es dejar de identificarnos con él.

La ofrenda de un corazón inocente

Una niña que vino al darshan le ofreció una bella flor a Amma. Le dijo: -Amma, esta flor es de nuestro jardín.

Amma le contestó: -¿De verdad? ¡Qué bonita! Tras aceptar la flor de la niña, Amma se la llevó humildemente a la cabeza como inclinándose ante la flor.

-¿La cogiste tú misma? -preguntó Amma. La niña hizo un gesto afirmativo.

La madre de la niña explicó que su hija se alegró mucho cuando se enteró de que iban a ver a Amma. Se fue corriendo al jardín y volvió con la flor. De hecho, la flor todavía tenía unas cuantas gotas de rocío. -Cuando me mostró la flor, me dijo: 'Mamá, esta flor es tan bonita como Amma'.

La niña estaba sentada en el regazo de Amma. De pronto abrazó fuertemente a Amma y le besó las dos mejillas, diciéndole: "Te quiero tanto Amma". Mientras Amma le devolvía los besos, le contestó: "Mi niña, Amma también te quiere mucho".

Mientras observábamos a la niña bailar alegremente junto a su madre al volver a su asiento, Amma dijo: "Qué bella y conmovedora es la inocencia."

Línea directa con Dios

En un retiro y durante una sesión de preguntas, un devoto comentó en tono preocupado: -Amma, son tantas las miles de personas que te imploran, que parece como si todas las líneas estuvieran ocupadas cuando llamo para pedirte ayuda. ¿Puedes sugerirme algo?

Al oír la pregunta, Amma se rió de buena gana y dijo: -No te preocupes, hijo. Tú tienes línea directa. La respuesta de Amma provocó las carcajadas generales. Ella continuó: -De hecho, todos tienen línea directa con Dios, pero la calidad de la línea depende del fervor de vuestra plegaria.

Como un río que corre

Pregunta: Amma, te dedicas a hacer la misma tarea día tras día, año tras año. ¿No te resulta aburrido abrazar continuamente a la gente?

Amma: Si el río se aburre de correr, el sol se aburre de iluminar y el viento se aburre de soplar, sólo entonces Amma también se aburre.

Pregunta: Amma, en todas partes estás siempre rodeada de gente. ¿No sientes la necesidad de un poco de libertad y soledad?

Amma: Amma está siempre libre y sola.

Los sonidos védicos y los mantras

Pregunta: Los antiguos Rishis [Sabios] son conocidos como mantra drishtas [los que han visto los mantras]. ¿Significa eso que han visto los sonidos puros y los mantras?

Amma: "Ver" significa "surgir del interior" o experimentar. Los mantras solo pueden ser experimentados internamente. Los sonidos védicos y los mantras ya estaban allí en el universo, en la atmósfera. ¿Qué hacen los científicos cuando descubren algo? Ofrecen un hecho que ha estado oculto durante mucho tiempo esperando ver la luz. No podemos denominarlo una nueva invención. Sólo lo han descubierto.

Las únicas diferencias entre los descubrimientos científicos y los mantras son los niveles más sutiles. Los Rishis, por medio de estrictas penitencias, hicieron sus instrumentos internos claros y completamente puros. Así, esos sonidos universales surgieron automáticamente dentro de ellos.

Sabemos cómo los sonidos y las imágenes en forma de vibraciones viajan a través del aire desde una emisora de radio o televisión. Se quedan siempre en la atmósfera. Sin embargo, para verlas u oírlas necesitamos sintonizar nuestros instrumentos, los aparatos de radio o televisión. De igual modo, estos sonidos divinos se revelarán a los que tengan una mente clara y pura. Los ojos externos no pueden verlos. Sólo desarrollando un tercer ojo, el ojo interno, seremos capaces de experimentar esos sonidos.

Deja que aparezca algún sonido, aprende a sentirlo tan profundamente como puedas. Lo que importa realmente es sentir el sonido, no solo oírlo. Siente tu plegaria, siente tu mantra y sentirás a Dios.

Pregunta: ¿Tienen algún significado los mantras?

Amma: No en el modo que piensas o esperas. Los mantras son las formas más puras de vibraciones universales, o shakti [energía divina], cuya profundidad fue experimentada por los Rishis en su meditación. El mantra es el poder del universo en forma de semilla. Por eso se conocen como bijaksharas [letras semilla]. Tras vivir esta experiencia, los Rishis ofrecieron esos sonidos puros a la humanidad. No resulta fácil encapsular una experiencia, especialmente si se trata de la más profunda de todas las experiencias. Así, los mantras que tenemos son los sonidos más próximos al sonido universal que los compasivos Rishis crearon verbalmente para beneficiar al mundo. No obstante, sigue siendo cierto que un mantra sólo puede experimentarse plenamente cuando la mente alcanza una pureza perfecta.

Me falta algo

Pregunta: Amma, muchas personas dicen que a pesar de todo el bienestar material, les falta algo. ¿Por qué se sienten así?

Amma: La vida brinda diversas experiencias y situaciones a cada persona, en función de su pasado karma [acciones] y el modo de vida y de actuar presentes. Seas quien seas o cualesquiera que sean los objetivos materiales que hayas conseguido, sólo alcanzarás la perfección y la felicidad en la vida cuando vivas y pienses de una forma dhármica [correcta]. Nunca encontrarás la paz si tus riquezas y deseos no se utilizan de acuerdo con el dharma supremo, que es alcanzar moksha [la liberación]. Siempre sentirás: "Me falta algo". Ese algo que te falta es la paz, la plenitud y el contento. Y esa falta de auténtica alegría crea un vacío que no es posible llenar dejándose llevar por los placeres o satisfaciendo deseos materiales.

La gente en todo el mundo cree que pueden llenar ese vacío cumpliendo sus deseos. De hecho, ese vacío persistirá, e incluso será mayor, mientras continúen persiguiendo objetos mundanos.

Dharma y moksha son interdependientes. El que vive de acuerdo con los principios del dharma logrará moksha, y el que tiene el anhelo de alcanzar moksha llevará invariablemente una vida dhármica.

Si utilizan el dinero y las riquezas de manera incorrecta o sin sabiduría, llegarán a convertirse en grandes obstáculos. Serán impedimentos para los que desean evolucionar espiritualmente. Cuanto más dinero tienes, más obsesionado estás con tu cuerpo. Cuanto más te identificas con el cuerpo, más egoísta te vuelves. El dinero no es un problema, pero sí lo es el apego poco inteligente a él.

El mundo y Dios

Pregunta: ¿Cuál es la conexión entre el mundo y Dios, la felicidad y el dolor?

Amma: En realidad, lo que necesita el mundo es conocer a Dios o sentir la verdadera felicidad. En clase, el profesor escribe en la pizarra con una tiza blanca. La pizarra negra proporciona el contraste con las letras blancas. De igual modo, el mundo es la pizarra para que nosotros conozcamos nuestra pureza y llegar a ser conscientes de nuestra auténtica naturaleza, que es la felicidad eterna.

Pregunta: Amma, ¿es verdad que sólo los seres humanos se sienten infelices o descontentos, y no los animales?

Amma: En realidad no. Los animales también tienen sentimientos de dolor y descontento. Experimentan pena, amor, ira y otras emociones. Sin embargo, no las sienten tan profundamente como los seres humanos. Los humanos son más evolucionados y, por tanto, sienten de un modo más profundo.

En realidad, los sentimientos de profundo dolor son una muestra del potencial para pasar al otro extremo de la dicha. Desde ese sentimiento de profundo dolor y pena podemos reunir fuerzas para avanzar por el camino de la búsqueda del Ser. Sólo se trata de canalizar nuestra shakti [fuerza vital] con más discernimiento.

Pregunta: ¿Cómo podemos utilizar nuestra shakti con más discernimiento?

Amma: Sólo una profunda comprensión nos ayudará a hacerlo. Supongamos que participamos en un funeral o que visitamos a un enfermo o anciano que está totalmente postrado en la cama. Sin duda alguna nos sentiremos tristes. Sin embargo, tan pronto volvemos a casa y nos ponemos a hacer nuestras tareas, nos olvidamos de ellos y seguimos adelante. Eso significa que lo que hemos visto no nos ha conmovido, ni lo hemos sentido en lo más profundo de nuestro corazón, pues no ha penetrado profundamente. Sin embargo, si contemplaras realmente esas experiencias pensando: "Lo mismo me sucederá a mí, más tarde o más temprano. Debería preguntarme por la causa de todo este sufrimiento y prepararme antes de que sea demasiado tarde", entonces irá cambiando gradualmente tu vida y te guiará hacia los misterios más profundos del universo. Gradualmente, si eres seria y sincera, encontrarás la fuente misma de la felicidad.

Mientras Amma estaba hablando, una bebita que estaba cómodamente sentada en el regazo de su madre se puso a llorar. Llamándolo "bebé... bebé...bebé..." Amma preguntó por qué estaba llorando. Alzando el chupete en las manos, la madre del bebé dijo: "Ha perdido esto". Todos rieron. Entonces la madre le puso de nuevo el chupete y el bebé dejó de llorar.

Amma: Esta pequeña ha perdido su felicidad. Ha sido una buena demostración de la cuestión que tratábamos de esclarecer. El chupete es ilusorio, como el mundo. No da ningún alimento al niño. Sin embargo, permite que el niño deje de llorar. Así, podemos decir que cumple un propósito. De igual modo, el mundo no alimenta realmente el alma. Pero tiene un propósito, que es recordarnos al Creador, a Dios.

Pregunta: Se suele decir que uno está abocado a sufrir un dolor y una pena inmensos antes de la realización del Ser. ¿Es correcta esta afirmación?

Amma: De cualquier manera hay dolor en la vida. La espiritualidad no es un viaje hacia delante, sino hacia atrás. Volvemos a nuestra fuente original de la existencia. En ese proceso, tenemos que atravesar los diversos estratos de emociones y vasanas [tendencias] que hemos acumulado hasta entonces. De ahí surge el dolor, no del exterior. Al atravesar esas capas con una actitud abierta, estamos de hecho superándolas y trascendiéndolas, lo que finalmente nos llevará a la morada de la paz y la dicha supremas.

Antes de alcanzar la cumbre de una montaña, hay que estar en el valle al pie de la misma, en el otro extremo. De igual modo, antes de alcanzar la cumbre de la felicidad, la experiencia de lo opuesto, es decir del dolor, resulta inevitable.

Pregunta: ¿Por qué es inevitable?

Amma: Mientras exista la identificación con el ego y se tenga el sentimiento de: "Estoy separado de Dios", habrá dolor y sufrimiento. Ahora estás al pie de la montaña. Antes de poder siquiera empezar a escalarla, necesitas desprenderte de tus apegos con el valle y con todo lo que tengas allí. El dolor es inevitable sólo cuando lo haces de mala gana. En caso contrario, no hay dolor. Cuando renunciamos a ese apego, el dolor se convierte en un intenso anhelo, el anhelo de llegar a las cumbres de la unión eterna. La verdadera pregunta es, ¿cuántos pueden renunciar de todo corazón a ese apego?

El devoto se quedó pensativo unos momentos. Al darse cuenta de su silencio, Amma le dio unos golpecitos en la cabeza diciéndole: "Al afinar el tambor del ego, deja que salgan sonidos agradables de él". El devoto se echó de pronto a reír.

Amma: Amma ha oído una historia. Había un hombre rico que perdió todo el interés por la vida mundana y quiso iniciar una nueva vida de paz y tranquilidad. Tenía todo lo que se puede pagar con dinero, pero la vida le seguía pareciendo totalmente carente de sentido. Así que decidió seguir la guía de un Maestro Espiritual. Antes de dejar su casa, el hombre pensó: "¿Qué voy a hacer con todo este dinero? Voy a ofrecérselo todo al Maestro y a olvidarme de él, pues lo que realmente anhelo es la auténtica felicidad". Así que el hombre rico puso todas las monedas de oro que tenía en una bolsa y se la llevó con él.

Después de viajar un día entero, el hombre encontró al Maestro sentado bajo un árbol a las afueras de un pueblo. Colocó la bolsa de dinero frente al Maestro y se inclinó ante él. Pero cuando levantó la cabeza, se quedó asombrado al ver cómo el Maestro se alejaba corriendo con el dinero. Totalmente confundido y sobresaltado por el extraño comportamiento del Guru, el hombre lo persiguió tan rápido como pudo. El Maestro corría más rápido, a través de los campos, subiendo y bajando colinas, saltando arroyos, pisoteando los arbustos y cruzando las calles. Estaba anocheciendo. Como el Maestro conocía muy bien la ciudad, los estrechos y tortuosos senderos y callejuelas, el hombre rico tenía grandes dificultades para seguirlo.

Finalmente, perdiendo todas las esperanzas, el hombre volvió al mismo lugar en el que se había encontrado por vez primera con el Maestro. Y allí estaba su bolsa de dinero y, escondido tras el árbol, el Maestro. Como el hombre rico agarró avariciosamente su preciada bolsa de dinero, el Maestro se asomó por detrás del árbol y le dijo: -Dime cómo te sientes ahora.

-Me siento feliz, muy feliz, es el momento más feliz de mi vida.

-Así que -dijo el Guru- para experimentar la auténtica felicidad, también hay que pasar por el extremo opuesto".

Hijos, podéis recorrer el mundo persiguiendo sus diversos objetos. Sin embargo, a menos que volváis a la fuente de la que salisteis originalmente, no tendréis auténtica felicidad. Esta es otra de las moralejas de esta historia.

Pregunta: Amma, he oído que hasta que no se abandone toda búsqueda, no es posible encontrar la verdadera felicidad. ¿Cómo explicas esto?

Amma: "Abandonar toda búsqueda" significa que debería abandonarse la búsqueda de la felicidad en el mundo exterior, pues lo que estás buscando se encuentra dentro de ti. Deja de correr tras los objetos del mundo y vuélvete hacia dentro. Allí encontrarás lo que estabas buscando.

Tú eres tanto el que busca como el objeto buscado. Estás buscando algo que ya tienes. Eso no puede encontrarse fuera. Por tanto, toda búsqueda de la felicidad en el exterior acabará en fracaso y frustración. Es como el perro que persigue su propia cola.

Paciencia ilimitada

Hay un hombre de unos cincuenta y cinco años o más que suele acudir a los programas de Amma en Nueva York desde 1988. No puedo olvidarlo porque siempre hace las mismas preguntas a Amma, y, casi todas las veces he hecho de intérprete para él. Año tras año, el hombre ha estado haciendo las siguientes tres preguntas, sin siquiera cambiarlas o replantearlas alguna vez:

1. ¿Puede Amma darme la realización instantánea del Ser?
2. ¿Cuándo me casaré con una bonita mujer?
3. ¿Cómo puedo conseguir dinero rápidamente y hacerme rico?

En cierta ocasión, al verlo acercarse por la fila del darshan, comenté en broma: "Ya viene el disco rallado".

Amma supo inmediatamente a quién me estaba refiriendo. Me miró seriamente y me dijo: "La espiritualidad es sobre todo sentir y participar en los problemas y sufrimientos de los demás. Uno debería, al menos, tratar de aproximarse con madurez intelectual a la gente que está pasando por esos problemas y situaciones. Si no tienes paciencia para escucharlos, no estás preparado para ser el intérprete de Amma".

Le pedí a Amma perdón sinceramente por mis prejuicios y palabras. Sin embargo, todavía dudada de si Amma deseaba escuchar sus preguntas por decimoquinta vez.

-¿Debo anotar sus preguntas?- le pregunté a Amma.

-Desde luego, ¿por qué lo preguntas?

Por supuesto, eran las mismas tres preguntas de siempre. Yo me sentí de nuevo pasmado y maravillado al ser testigo de cómo Amma lo escuchaba y le daba consejos como si fuera la primera vez.

Pregunta: ¿Puede Amma darme la realización instantánea del Ser?

Amma: ¿Has estado meditando con regularidad?

Pregunta: Con la esperanza de ganar bastante dinero, trabajo cincuenta horas a la semana. Aunque medito, no lo hago regularmente.

Amma: ¿Qué significa eso?

Pregunta: Después de atender mi trabajo, si encuentro tiempo, medito.

Amma: De acuerdo. Respecto a tu mantra, ¿lo recitas a diario como te dije?

Pregunta: (con algunas dudas) Sí, recito mi mantra, pero no cada día.

Amma: ¿A qué hora te vas a dormir y cuándo te levantas?

Pregunta: Normalmente me voy a dormir a medianoche y me levanto a las siete de la mañana.

Amma: ¿A qué hora sales del trabajo?

Pregunta: Mi horario de oficina es de ocho y media de la mañana a cinco de la tarde. Tardo unos 35 ó 40 minutos en llegar si no hay tráfico. Suelo salir de casa alrededor de las siete y media. Después de levantarme apenas tengo tiempo para tomar una taza de café, unas tostadas y vestirme. Nada más acabar de desayunar, me subo corriendo al coche y salgo de casa.

Amma: ¿A qué hora llegas a casa después del trabajo?

Pregunta: Mmm... Entre las cinco y media y las seis.

Amma: ¿Qué haces cuando llegas a casa?

Pregunta: Me relajo media hora y preparo la cena.

Amma: ¿Para cuánta gente?

Pregunta: Sólo para mí. Vivo solo.

Amma: ¿Cuánto te cuesta preparar la cena?

Pregunta: Aproximadamente cuarenta minutos o una hora.

Amma: Eso quiere decir que acabas a las siete y media. ¿Qué haces después de cenar? ¿Ves la televisión?

Pregunta: Sí, así es.

Amma: ¿Cuánto tiempo?

Pregunta: (riendo) Amma, me has acorralado. Veo la televisión hasta que me voy a acostar. También quiero confesarte otra cosa... No, mejor olvídala.

Amma: (dándole una palmadita en la espalda) Vamos, sigue y acaba lo que ibas a decir.

Pregunta: Me da demasiada vergüenza decirlo.

Amma: De acuerdo, está bien.

Pregunta: (después de hacer una pausa) No tiene sentido ocultártelo. De cualquier manera, creo que ya lo sabes. De otro modo, ¿por qué ibas a crear esta situación? Esto es un lila [juego divino]...

Amma, te ruego que me perdones, pero olvidé mi Guru mantra. No he podido encontrar el trozo de papel en el que estaba escrito.

Al oír estas palabras, Amma se echó a reír.

Pregunta: (desconcertado) ¿Qué sucede? ¿Por qué te ríes?

Mientras estaba sentado con expresión preocupada, Amma le pellizcó la oreja en broma.

Amma: ¡Pequeño ladrón! Amma sabía que intentabas ocultarle algo. Mira, hijo mío, Dios es el que lo da todo. Amma comprende tu sinceridad y curiosidad, pero debes tener más shraddha [fe devocional y atención] y comprometerte más. Deberías tener más voluntad para esforzarte con el fin de alcanzar la Meta, de alcanzar la realización del Ser.

El mantra es el puente que te conecta con tu Guru, que te lleva de lo finito a lo infinito. La repetición del Guru mantra es como el alimento para un verdadero discípulo. Muestra tu respeto al mantra y tu reverencia hacia el Guru, repitiendo sin fallar el mantra cada día. Hasta que no te comprometas, no habrá realización del Ser. La espiritualidad no puede ser un trabajo parcial, sino a tiempo completo. Amma no te pide que dejes tu trabajo o que trabajes menos. ¿Acaso no consideras tu trabajo y el conseguir dinero como una cosa seria? De la misma manera, la realización de Dios también es seria. Al igual que el comer y el dormir, la práctica espiritual debería formar parte de tu vida diaria.

Pregunta: (educadamente) Amma, acepto tu respuesta. La recordaré y trataré de arreglar las cosas como me has indicado. Por favor, bendíceme.

El hombre se quedó en silencio un rato. Parecía estar reflexionando.

Amma: Hijo… ya has estado casado dos veces, ¿verdad?

Pregunta: (sorprendido) ¿Cómo lo has sabido?

Amma: Hijo, no es la primera vez que mencionas estos problemas a Amma.

Pregunta: ¡Qué memoria!

Amma: ¿Qué te hace creer que el próximo matrimonio va a salir bien?

Pregunta: No lo sé.

Amma: ¿No lo sabes o no estás seguro?

Pregunta: No estoy seguro.

Amma: ¿A pesar de no estar seguro todavía piensas en otro matrimonio?

Totalmente confundido y, al mismo tiempo asombrado, el hombre casi se cae de la risa. Entonces se enderezó y con las manos juntas dijo: "Amma, eres irresistible e invencible. Me inclino ante ti".

Con una bondadosa sonrisa, Amma dio unos golpecitos juguetones en la cabeza calva del hombre, que él había inclinado ante ella.

Amor y compasión
incondicionales

Pregunta: Amma, ¿cómo defines el amor incondicional y la compasión?

Amma: Es un estado totalmente indefinible.

Pregunta: Entonces, ¿qué es?

Amma: Es pura expansión, como el cielo.

Pregunta: ¿Es el cielo interior?

Amma: Ahí no hay interior ni exterior.

Pregunta: ¿Entonces?

Amma: Solo hay unidad. Por eso no puede ser definido.

El camino más fácil

Pregunta: Amma, hay demasiados caminos, ¿cuál es el más fácil?

Amma: El más fácil es permanecer junto a un Satguru [Maestro Verdadero]. Estar con un Satguru es como viajar en un avión supersónico. Un Satguru es el vehículo más rápido para llevarte a la Meta. Seguir cualquier camino sin la ayuda de un Satguru es como viajar en un autobús de línea, que va haciendo cientos de paradas. Eso retrasará el proceso.

La iluminación, la entrega
y vivir en el presente

Pregunta: Al margen de lo intensa que sea la sadhana [práctica espiritual], ¿es imposible que se produzca la iluminación sin una actitud de entrega?

Amma: ¿A qué te refieres con sadhana intensa? Hacer una intensa sadhana supone realizarla con sinceridad y amor. Para eso necesitas estar en el presente. Para estar en el presente, tienes que entregar el pasado y el futuro.

Tanto si lo llamas entrega, momento presente, aquí y ahora, vivir el momento o utilizas otros términos, todos ellos son lo mismo. Puede que difiera la terminología, pero lo que sucede dentro es lo mismo. Cualquier forma de práctica espiritual que hagamos nos enseña la gran lección del desprendimiento. La verdadera meditación no es una acción, sino un intenso anhelo del corazón por ser uno con el Ser, o Dios. En ese proceso, cuanto más profundizamos, menos ego tenemos y más ligeros nos sentimos. Como ves, el propósito de la sadhana es eliminar gradualmente el sentimiento de "yo" y de "lo mío". Este proceso se describe de diferentes maneras, utilizando diferentes términos. Eso es todo.

Pregunta: Todos los logros y éxitos en el mundo dependen básicamente de lo agresivos y competentes que seamos. A menos que estés agudizando continuamente la mente y el intelecto, no puedes ganar. Una pequeña torpeza te llevará a la última fila o te quedarás al margen. Parece que hay una gran diferencia entre los principios de la vida espiritual y los de la vida mundana.

Amma: Hija, como muy bien has dicho, sólo parecen diferentes.

Pregunta: ¿Cómo?

Amma: Porque, al margen de lo que cada uno sea o esté haciendo, las personas viven en el presente, sólo que no del todo. Cuando están involucradas en una acción o pensamiento, están entregadas a ese momento. De otro modo, las cosas no sucederían. Observa, por ejemplo, a un carpintero. Mientras utiliza una herramienta, si su mente no está centrada en el presente, puede lesionarse gravemente. Por tanto, la gente vive en el presente. La única diferencia es que la mayoría de las personas tienen poca conciencia o bien ninguna, y por tanto sólo están parcialmente en el presente, o no lo están. La ciencia espiritual nos enseña a estar totalmente en el momento presente, con independencia del tiempo y el lugar. Las personas suelen estar en la mente o en el intelecto, nunca en el corazón.

Pregunta: Pero para estar completamente en el presente, ¿no hay que trascender el ego?

Amma: Sí, pero trascender el ego no significa que dejes de actuar y funcionar. Al contrario, vas más allá de todas tus debilidades. Serás transformada completamente y tus capacidades internas se expresarán en toda su plenitud. Como ser humano perfecto, estarás preparada para servir al mundo, sin ver ninguna diferencia en absoluto.

Pregunta: Así que, Amma, ¿estás diciendo que básicamente no hay diferencia entre la entrega y vivir el presente?

Amma: Así es, son una y la misma cosa.

El japa mala y el teléfono móvil

De camino hacia la sala en la que se celebraba un programa, Amma se dio cuenta de que uno de los brahmacharis que la acompañaban se quedaba a un lado para atender una llamada telefónica que acababa de recibir.

Cuando el brahmachari acabó su conversación se unió al grupo, y Amma señaló: "Al tener que cumplir distintas responsabilidades, como organizar los programas de Amma por todo el país y entrar en contacto con los coordinadores locales, está bien que un buscador espiritual tenga un teléfono móvil. Sin embargo, mientras sostienes el teléfono en una mano, lleva en la otra el japa mala [rosario], que hará que no te olvides de recitar tu mantra. Un teléfono móvil es necesario para estar en contacto con el mundo. Utiliza uno si es necesario. Pero no pierdas nunca el contacto con Dios. Esa es tu fuerza vital.

Un Upanishad viviente

Pregunta: ¿Cómo describes a un Satguru [Maestro Auténtico]?

Amma: Un Satguru es un Upanishad [una encarnación de la suprema verdad, tal como se describe en los Upanishads] viviente.

Pregunta: ¿Cuál es la principal tarea del Maestro?

Amma: Su único propósito es inspirar a los discípulos e inculcarles la fe y el amor necesarios para alcanzar la Meta. La primera y más importante tarea del Maestro es crear en el discípulo la llama de la Auto-indagación o el amor por Dios. Una vez encendida, la siguiente tarea del Maestro es mantener la llama viva, protegiéndola de las noches tormentosas y de las lluvias torrenciales de las tentaciones innecesarias. El Maestro protegerá al discípulo como la gallina protege a los polluelos bajo su ala. Paso a paso, el discípulo aprenderá las lecciones más importantes de entrega y desapego, siguiendo el ejemplo del Maestro e inspirándose en su vida. Al final, culminará en la completa entrega y trascendencia.

Pregunta: ¿Qué tiene que trascender el discípulo?

Amma: Su naturaleza inferior, o vasanas [tendencias].

Pregunta: Amma, ¿cómo describirías el ego?

Amma: Como un fenómeno insignificante, pero destructivo si no se tiene cuidado.

Pregunta: Pero, ¿no es un instrumento muy útil y poderoso mientras se vive en el mundo?

Amma: Sí, si aprendes a utilizarlo adecuadamente.

Pregunta: ¿Qué quieres decir con "adecuadamente"?

Amma: Amma quiere decir que debe ejercerse un adecuado control sobre él por medio del discernimiento.

Pregunta: ¿Los sadhaks [aspirantes espirituales] hacen lo mismo como parte de su práctica espiritual, ¿verdad?

Amma: Sí, pero un sadhak consigue dominar el ego gradualmente.

Pregunta: ¿Significa eso que no hay necesidad de trascender el ego?

Amma: Dominarlo y trascenderlo es lo mismo. En realidad, no hay nada que trascender. Dado que el ego es en último término irreal, la trascendencia también es irreal. Sólo el Atman [Ser] es real. El resto sólo son sombras, como nubes que cubren el sol. No son reales.

Pregunta: Pero las sombras nos dan sombra. No podemos decir que sean irreales.

Amma: Es cierto. Una sombra no puede ser considerada irreal. Tiene un propósito: dar sombra. Pero no te olvides del árbol, el cual es la fuente de la sombra. La sombra no puede existir sin el árbol, pero el árbol sigue siendo árbol incluso sin sombra. Por tanto, la sombra no es real ni irreal. Eso es lo que se denomina maya [ilusión]. La mente, el ego, no es real ni irreal. No obstante, la existencia del Atman no depende en modo alguno del ego.

Por ejemplo, un hombre y su hijo caminan bajo un sol abrasador y, para protegerse del sol, el niño camina detrás de su padre amparado en su sombra. Hijo, tienes razón en que la sombra no puede ser considerada irreal, pero tampoco es real. Sin embargo, tiene un propósito. De modo parecido, aunque el ego no sea real ni irreal, tiene una función: la de recordarnos la realidad definitiva, el Atman, el cual sirve de sustrato al ego.

Igual que la sombra, ni el mundo ni el ego pueden existir sin el Atman. El Atman ofrece apoyo y sostén a toda la existencia.

Pregunta: Amma, volvamos al tema de la trascendencia: has dicho que como el ego es irreal, trascender el ego también es irreal. Si es así, ¿cuál sería este proceso de auto-desarrollo o auto-realización?

Amma: Al igual que el ego es irreal, también el proceso de trascender el ego sólo parece tener lugar. Incluso el término "auto-desarrollo" es erróneo, pues el Ser no necesita desarrollarse. Siempre permanece como es en los tres periodos del tiempo, sin necesidad de pasar por ningún proceso.

Todas las explicaciones acabarán por hacerte comprender que todas las explicaciones carecen de sentido. Al final te darás cuenta de que no existe nada más que el Atman, y que realmente no hay proceso alguno.

Por ejemplo, hay un maravilloso manantial de agua que es pura ambrosía en medio de un espeso bosque. Un día lo descubres, bebes de esa agua y alcanzas la inmortalidad. El manantial siempre ha estado allí, pero no lo sabías. De pronto te vuelves consciente de él, consciente de su existencia. Sucede lo mismo con la fuente interna de pura shakti [energía]. A medida que se intensifica tu búsqueda y tu anhelo por conocer tu Ser, se produce una revelación y entras en contacto con esa fuente. Una vez establecida la conexión, también te das cuenta de que nunca has estado desconectado de ella.

Por ejemplo, el universo tiene una inmensa riqueza escondida en su seno. Hay piedras inestimables, pócimas mágicas, medicinas que lo curan todo, información valiosa sobre la historia de la humanidad, métodos para resolver el misterio del universo y muchas cosas más. Lo que los científicos del pasado, presente y futuro puedan descubrir es solo una parte infinitesimal de lo que el universo realmente contiene. No hay nada nuevo. Todos los descubrimientos no son más que un proceso de desvelar lo que está oculto. De igual modo, la suprema verdad permanece en lo profundo de nosotros mismos, como si estuviera oculta. El proceso de descubrirla se conoce como sadhana [práctica espiritual].

Así que desde el punto de vista de los individuos, hay un proceso de autodesarrollo, y de ahí que también haya trascendencia.

Pregunta: Amma, ¿cómo explicar la trascendencia en las distintas situaciones cotidianas de la vida?

Amma: La trascendencia solo se produce cuando alcanzamos suficiente madurez y comprensión. Estas llegan a través de la práctica espiritual y afrontando las diversas experiencias y situaciones vitales con una actitud positiva y un cierto grado de apertura. Eso nos ayudará a desechar las nociones incorrectas y a ir más allá. Si te vuelves un poco más observador, comprenderás que este desechar y este ir más allá de las pequeñas cosas, los deseos banales y los apegos, es una experiencia común en nuestra vida diaria.

A un niño le gusta jugar siempre con sus juguetes, por ejemplo con su chimpancé de peluche. Le gusta tanto que lo lleva con él durante todo el día. Mientras juega con el chimpancé, se olvida incluso de comer. Y si su madre trata de quitárselo, se enfada y llora. El niño llega a dormir fuertemente abrazado a él. Será entonces cuando su madre pueda quitarle el chimpancé.

Pero un día, la madre ve todos los juguetes, incluso el chimpancé que el niño tanto quería, abandonados en un rincón de su cuarto. El niño ha crecido de pronto, ha trascendido los juguetes. Hasta podemos ver cómo sonríe y mira a otro niño jugando. Tal vez piense: "Mira ese niño, qué entretenido está con esos juguetes", olvidándose de que él también fue niño.

En este caso, el que fuera niño ha dejado sus juguetes y se ha entusiasmado por algo más avanzado, quizás una bicicleta. Y cuando, más tarde, también trascienda la bicicleta, puede que quiera una moto o un coche. Sin embargo, un sadhak necesita desarrollar la fuerza y la comprensión necesarias para trascender todo lo que le llega y centrarse solo en el Supremo.

Maya

Pregunta: Amma, ¿qué es maya? ¿Cómo la definirías?

Amma: La mente es maya. La incapacidad de la mente para concebir el mundo como algo transitorio y cambiante es lo que llamamos maya.

Pregunta: También se dice que este mundo objetivo es maya.

Amma: Sí, porque es una proyección de la mente. Lo que nos impide ver esta realidad es maya.

Un león hecho de madera de sándalo es real para un niño, pero para un adulto es un pedazo de sándalo. Para el niño la madera está oculta, sólo es aparente el león. Los padres también pueden jugar con el león, pero saben que no es real. Para ellos, lo real es la madera, no el león. De igual modo, para un alma que ha realizado el Ser, el universo entero no es sino la esencia, la "madera" que está presente en todo, el Absoluto Brahman o la conciencia.

Los ateos

Pregunta: Amma, ¿qué opinas de los ateos?

Amma: No importa si se cree en Dios o no mientras se sirva adecuadamente a la sociedad.

Pregunta: Realmente no Te importa, ¿verdad?

Amma: A Amma le importan todos.

Pregunta: ¿Pero crees que sus opiniones son correctas?

Amma: ¿Qué importa lo que crea Amma mientras ellos sigan creyendo en sus ideas?

Pregunta: Amma, te evades sin contestar a mis preguntas.

Amma: Y tú, hija mía, tratas de acorralar a Amma para obtener la respuesta que deseas.

Pregunta: (riendo) De acuerdo, Amma. Me gustaría saber si el ateísmo es sólo un ejercicio intelectual o si tiene algún sentido lo que dicen los ateos.

Amma: Sentido o sin sentido, depende de la actitud personal. Los ateos están convencidos de que no hay un poder supremo o Dios. Sin embargo, algunos de ellos sólo lo manifiestan en público, pues interiormente son creyentes.

No hay nada especial en esos ejercicios intelectuales. Una persona intelectual aparentemente puede probar o no probar la existencia de Dios. El ateísmo se basa en la lógica. ¿Cómo puede un ejercicio intelectual probar o no probar Aquello que está más allá del dominio del intelecto?

Pregunta: Por lo tanto, Amma, lo que estás diciendo es que sus ideas sobre Dios son erróneas, ¿verdad?

Amma: Tanto si son suyas como de otra persona, esas ideas sobre Dios están condenadas a ser erróneas, ya que Dios no puede ser visto desde un ángulo determinado. Dios sólo aparecerá cuando todas las ideas desaparezcan. La lógica intelectual puede utilizarse para establecer o refutar algo. Pero tal vez eso no sea siempre cierto.

Supongamos que dices: "La persona A no tiene nada en las manos, la B tampoco tiene nada en las manos. Tampoco veo nada en las manos de C. Por tanto, nadie tiene nada en las manos". Esto es lógico y parece correcto, pero ¿realmente lo es? Las conclusiones intelectuales son similares.

Los ateos actuales emplean gran parte de su tiempo tratando de demostrar la no existencia de Dios. Si sus creencias son tan firmes, ¿por qué se preocupan tanto? En lugar de ocuparse tanto de discusiones intelectuales, que son destructivas, deberían hacer algo beneficioso para la sociedad.

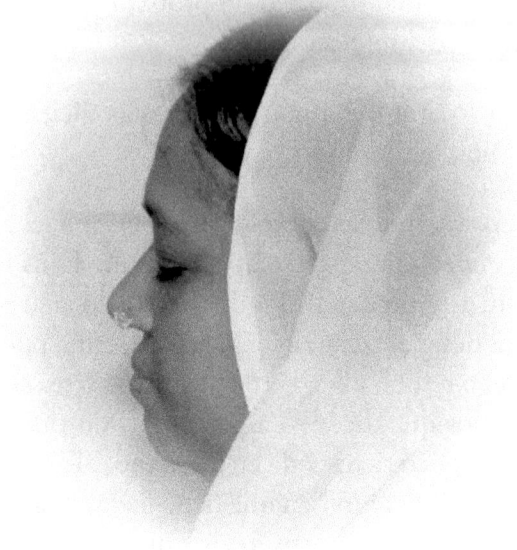

La paz

Pregunta: Amma, ¿puedes decirnos con tus palabras qué es la paz?

Amma: ¿Preguntas por la paz interior o la paz exterior?

Pregunta: Me gustaría saber qué es la verdadera paz.

Amma: Hija, explícale antes a Amma cuál es tu versión de la paz verdadera.

Pregunta: Yo creo que la paz es felicidad.

Amma: Pero, ¿qué es la verdadera felicidad? ¿Es algo que sientes cuando se satisfacen tus deseos, o tienes alguna otra explicación?

Pregunta: Hmmm... Es un estado que aparece cuando los deseos están satisfechos, ¿no es así?

Amma: Pero esos estados de felicidad desaparecen pronto. Te sientes feliz cuando se cumple un deseo concreto. Sin embargo, muy pronto aparecerá otro deseo y desearás satisfacerlo. Este proceso no tiene fin.

Pregunta: Es verdad. Entonces, ¿sentirse feliz interiormente es la verdadera felicidad?

Amma: De acuerdo, pero ¿cómo te sientes feliz interiormente?

Pregunta: (riendo) Estás tratando de acorralarme.

Amma: No, estamos acercándonos a la respuesta que necesitas. Vamos, hija, ¿cómo es posible sentirse feliz interiormente si la mente no está en calma? ¿O crees que la verdadera paz es sentirse calmada y tranquila mientras comes chocolate o un helado?

Pregunta: (riendo) Oh, no, estás bromeando conmigo.

Amma: No, hija, Amma habla en serio.

Pregunta: (muy pensativa) Eso no es paz ni felicidad. Solo es una clase de excitación o fascinación.

Amma: ¿Permanece contigo mucho tiempo esa clase de fascinación?

Pregunta: No, va y viene.

Amma: Ahora, dile a Amma, ¿puede considerarse verdadero o permanente un sentimiento que va y viene?

Pregunta: No realmente.

Amma: Entonces, ¿cómo lo llamarías?

Pregunta: Lo que va y viene se conoce normalmente como "temporal" o "transitorio".

Amma: Ya que has dicho eso, deja que Amma te haga esta pregunta: ¿Ha habido algún momento en tu vida en el que hayas sentido paz sin ninguna razón en especial?

Pregunta: (tras permanecer pensativa un momento) Sí, una vez, cuando estaba sentada en el patio posterior de mi casa observando la puesta de sol. Sentí mi corazón lleno de una alegría desconocida. En ese maravilloso momento entré en un estado de ausencia de pensamiento, y sentí mucha paz y alegría interior. Al recordar aquel momento, incluso escribí un poema describiendo esa experiencia.

Amma: Hija, esa es la respuesta a tu pregunta. La paz aparece cuando la mente está calmada, sin apenas pensamientos. Cuantos menos pensamientos, más paz, y cuantos más pensamientos, menos paz. La paz y la felicidad sin una razón concreta son la paz y la felicidad verdaderas.

Paz y felicidad son sinónimos. Cuanto más abierta estés, más paz y felicidad sentirás; y viceversa. Mientras no se tenga un cierto grado de dominio mental, resultará difícil conseguir la verdadera paz.

Encontrar la paz interior es el verdadero camino para encontrar la paz exterior. Los esfuerzos internos y externos deberían ir juntos.

Pregunta: Amma, ¿cómo describirías la paz desde un punto de vista espiritual?

Amma: No hay diferencia entre la paz espiritual y la paz mundana. Igual que el amor es único, la paz también es única. Si hay diferencia es de grado. Esa diferencia depende de cuánto hayas profundizado en tu interior. Considera la mente como un lago y los pensamientos como las ondas en la superficie de ese lago. Cada pensamiento o agitación mental es como una piedra lanzada al lago, que crea innumerables ondas. Una mente meditativa se volverá como una flor de loto flotando en ese lago. Las ondas de los pensamientos seguirán ahí, pero la flor de loto no se verá afectada. Sólo flotará.

"¡Déjame en paz! ¡Necesito paz!" Esta es una expresión común que oímos en medio de una discusión o cuando alguien está cansado de una persona o situación. Pero, ¿es posible? Aunque dejemos sola a esa persona, no sentirá paz, ni tampoco puede estar nunca realmente sola. Detrás de la puerta cerrada de su habituación, se sentará y empezará a darle vueltas a todo lo sucedido, ardiendo por dentro. Volverá a estar de nuevo en el mundo de los pensamientos perturbadores. La verdadera paz es un sentimiento profundo que embarga el corazón cuando estamos libres de pensamientos del pasado.

La paz no es lo contrario de la agitación, sino la ausencia de agitación. Es un estado totalmente relajado y sosegado.

La lección más grande de la vida

Pregunta: ¿Cuál es la lección más grande que se necesita aprender en la vida?

Amma: Estar apegado al mundo con una actitud desapegada.

Pregunta: ¿Cómo pueden darse a la vez el apego y el desapego?

Amma: Actúa con apego o desapego, como lo desees. Después, olvídate de esa acción y avanza… vuelve a actuar, olvídate de nuevo y sigue avanzando. Si llevas exceso de equipaje, tu viaje resultará incómodo. ¿No te parece? De igual modo, el exceso de equipaje de sueños, deseos y apegos indiscriminados harán que tu viaje por la vida sea sumamente desdichado.

Hasta los grandes emperadores, dictadores y gobernantes han sufrido terriblemente al final de sus vidas por llevar este exceso de equipaje. Cuando llegue ese momento, sólo el arte del desapego te ayudará a estar en un estado mental sosegado.

Alejandro Magno fue un gran guerrero y gobernante que conquistó casi una tercera parte del mundo. Quería llegar a ser el emperador del mundo entero, pero fue derrotado en una batalla y cayó gravemente enfermo. Pocos días antes de su muerte, llamó a sus ministros y les explicó cómo quería ser enterrado. Les contó que quería un ataúd abierto por los lados para que pudieran salir sus brazos y aparecieran las palmas de sus manos vueltas hacia arriba. Los ministros le preguntaron por qué quería que se hiciera esto. Alejandro contestó que, de ese modo, todos sabrían que el gran Alejandro, el que había estado luchando toda la vida por poseer y conquistar el mundo, se iba de esta vida con las manos vacías. Ni siquiera podía llevarse su cuerpo consigo. Así, todos entenderían cuán vano resulta dedicar toda la vida a perseguir el mundo y sus objetos.

Después de todo, al final no podremos llevarnos nada con nosotros, ni siquiera nuestro propio cuerpo. Por tanto, ¿para qué vamos a sentirnos tan apegados?

El arte y la música

Pregunta: Amma, soy músico y me gustaría saber cuál debería ser mi actitud respecto a mi profesión y cómo desarrollar el talento musical.

Amma: El arte es la belleza de Dios manifestada en forma de música, pintura, danza, etc. Es una de las maneras más fáciles de realizar la divinidad inherente en cada uno de nosotros.

Hay muchos santos que encontraron a Dios a través de la música. Por tanto, al ser músico has sido especialmente bendecido. Respecto a tu actitud hacia esa profesión, sé un principiante, un niño ante Dios, ante la divinidad. Eso te permitirá aprovechar las infinitas posibilidades de tu mente, lo que a su vez te ayudará a manifestar cada vez más tu talento musical de manera mucho más profunda.

Pregunta: Pero, Amma, ¿cómo ser un niño, un principiante?

Amma: Al aceptar y reconocer tu ignorancia, te convertirás automáticamente en un principiante.

Pregunta: Entiendo lo que dices, pero no soy totalmente ignorante. Tengo formación musical.

Amma: ¿Cuánta formación tienes?

Pregunta: Estudié música durante seis años y actúo desde hace catorce.

Amma: ¿Cómo de grande es el espacio?

Pregunta: (un poco desconcertado) No entiendo tu pregunta.

Amma (sonriendo) No entiendes la pregunta porque no entiendes el espacio, ¿no es así?

Pregunta: (encogiendo los hombros): Tal vez.

Amma: ¿Tal vez?

Pregunta: Pero, ¿qué relación tiene mi pregunta con que tú preguntes "Cómo de grande es el espacio"?

Amma: Hay una relación. La música pura es tan grande como el espacio. Es Dios. Es puro conocimiento. Es el secreto que permite que fluya a través de ti el sonido puro del universo. En estos últimos veinte años, no has podido aprender música. Tal vez hayas cantado durante veinte años, pero comprender realmente la música significa realizar la música como tu propio Ser. Para realizar la música como tu propio Ser, debes dejar que la música te posea por completo. Para que quepa más música en tu corazón, necesitas crear más espacio interior. A más pensamientos, menos espacio. Ahora, hazte esta pregunta: "¿Cuánto espacio interior tengo disponible para la música pura?"

Si realmente deseas manifestar cada vez más talento musical, reduce la cantidad de pensamientos innecesarios, y deja más espacio para que la energía de la música fluya en tu interior.

El manantial del amor

Pregunta: Amma, ¿cómo podemos aprender a tener un amor puro e inocente, como Tú dices?

Amma: Sólo podemos aprender lo que nos es ajeno, pero el amor es nuestra auténtica naturaleza. Dentro de ti hay un manantial de amor. Abre correctamente esa fuente y la shakti [energía] del amor divino llenará tu corazón, expandiéndolo interminablemente dentro de ti. Tú no puedes hacer que eso suceda; lo único que puedes hacer es crear la actitud correcta en tu interior para que ocurra.

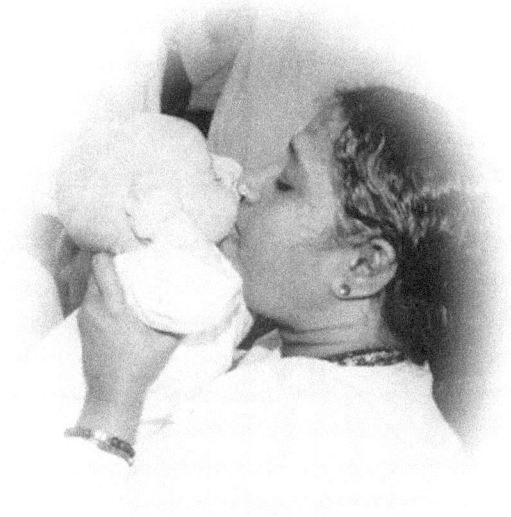

¿Por qué abrazas?

Pregunta: Amma, Tú abrazas a todo el mundo. ¿Quién te abraza a Ti?

Amma: La Creación entera abraza a Amma. En realidad, Amma y la Creación están en un eterno abrazo.

Pregunta: Amma, ¿por qué abrazas a la gente?

Amma: Es como si le preguntaras al río: "¿Por qué fluyes?"

Cada momento es una preciosa lección

S e estaba celebrando el darshan de la mañana. Amma había acabado de contestar a las preguntas de sus hijos, que ese día habían formado una larga cola. Me disponía a descansar con un profundo suspiro, cuando de pronto se me acercó un devoto y me dio una nota. Era otra pregunta. Para ser sincero, me sentí un poco molesto. Sin embargo, tomé la nota y le pregunté: -¿Puedes esperar a mañana? Hoy ya hemos terminado.

Me dijo: -Es importante. ¿Por qué no se lo preguntas ahora? -Yo pensé, o quizás imaginé, que me lo estaba exigiendo.

Le repliqué: -¿Te lo tengo que explicar?

Él no quería ceder: -No estás obligado a hacerlo, pero ¿por qué no se lo preguntas a Amma? Tal vez Ella quiera contestar a mi pregunta.

En ese momento traté de ignorarlo y miré hacia otro lado. Amma estaba dando darshan. Nuestra discusión había tenido lugar detrás del sillón de darshan. Los dos hablábamos en voz baja, pero con dureza.

De pronto Amma se volvió y me preguntó: -¿Estás cansado? ¿Tienes sueño? ¿Has comido? -Me sentí asombrado y, al mismo tiempo, avergonzado porque ella había oído la conversación. En realidad, me comporté tontamente, pues debería saber que, aunque Amma estuviera dando darshan y nosotros habláramos bajo, Sus ojos, Sus oídos y todo Su cuerpo ven, oyen y sienten todo lo que sucede.

Amma continuó: -Si estás cansado, tómate un respiro, pero antes acepta la pregunta de este hijo. Aprende a ser considerado. No te obsesiones con lo que te parece correcto.

Pedí disculpas al devoto y tomé su pregunta. Amma se ocupó amorosamente de su problema y el hombre se marchó contento. Por supuesto, la pregunta era importante, como él había dicho.

Después de irse, Amma me dijo: -Mira, hijo mío, cuando reaccionas ante alguien, te equivocas y lo más probable es que la otra persona tenga razón. Él o ella, con mejor estado mental, tienes más claridad para observar la situación. La reacción te ciega. Tu actitud al reaccionar no te ayuda a ver a los demás ni a tener en cuenta sus sentimientos.

"Antes de reaccionar ante una situación concreta, haz una pausa y dile a la otra persona: -Dame tiempo para contestarte. Deja que reflexione sobre lo que dices. Quizás estés en lo cierto y yo equivocado. -Si tienes el coraje de decir esto, por lo menos estás teniendo en cuenta los sentimientos de la otra persona. Eso te evitará muchas situaciones desagradables que puedan darse más tarde.

De este modo fui testigo de otra inestimable enseñanza de una Gran Maestra. Recibí una lección de humildad.

Comprender a un Ser Iluminado

Pregunta: ¿Es posible comprender a un Mahatma con nuestra mente?

Amma: Ante todo, un Mahatma no puede ser comprendido, sólo experimentado. La mente, con su naturaleza vacilante y dubitativa, no puede experimentar nada como es, ni siquiera los objetos mundanos. Por ejemplo, cuando queremos sentir realmente una flor, la mente se detiene y algo más allá de la mente empieza a funcionar.

Pregunta: Amma, ¿qué has querido decir con la frase: "la mente se detiene y algo más allá de la mente empieza a funcionar"?

Amma: Llámalo corazón, pero es un estado temporal de profundo silencio; una quietud de la mente, una pausa en el fluir de los pensamientos.

Pregunta: Amma, cuando dices "mente", ¿qué quieres decir? ¿Se refiere sólo a los pensamientos o significa algo más?

Amma: La mente incluye la memoria, que es el almacén del pasado, el pensamiento, la duda, la determinación y el sentimiento del "yo".

Pregunta: ¿Y todas las emociones?

Amma: También ellas son parte de la mente.

Pregunta: De acuerdo, entonces cuando dices: "La mente no puede comprender a un Mahatma", ¿significa que ese complejo mecanismo no puede conocer el estado en el que está establecido un Mahatma?

Amma: Sí. La mente humana es muy impredecible y engañosa. Lo más importante para un buscador de la Verdad es saber que no puede reconocer a un Satguru [Maestro Verdadero]. No tiene criterios para hacerlo. Un borracho puede reconocer a otro borracho. De igual modo dos jugadores se entienden entre ellos. Un avaro puede reconocer a otro avaro. Todos ellos tienen el mismo calibre mental. Pero no existen esos criterios para reconocer a un Satguru. Ni nuestros ojos externos ni nuestra mente pueden ver a un gran ser. Para eso se necesita una preparación especial. Esta preparación es la sadhana [práctica espiritual]. Sólo una sadhana constante nos da la fuerza para penetrar e ir por debajo de la superficie de la mente. Una vez hayas traspasado esa superficie, te verás frente a innumerables capas de emociones y pensamientos. Para atravesar e ir más allá de todos estos intrincados niveles de la mente, más toscos o más sutiles, el sadhak [aspirante espiritual] necesita la guía continua de un Satguru. Entrar en los niveles más profundos de la mente, traspasar las diferentes capas y salir airoso, se conoce con el nombre de tapas [austeridades]. Esto, incluyendo la trascendencia final, sólo es posible con la gracia incondicional de un Satguru.

La mente siempre tiene expectativas. La existencia misma de la mente reside en la expectativa. Un Mahatma no será condescendiente con las expectativas y deseos de la mente. Para experimentar la conciencia pura de un Maestro, esta naturaleza de la mente debe desaparecer.

Amma, la energía inagotable

Pregunta: Amma, ¿has querido alguna vez dejar el trabajo que estás haciendo?

Amma: Lo que hace Amma no es trabajo. Es adoración. En la adoración sólo hay puro amor. Por lo tanto, no es trabajo. Amma está adorando a sus hijos como a Dios. Hijos, todos vosotros sois el Dios de Amma.

El amor no es complejo. Es simple, espontáneo, y de hecho es nuestra naturaleza esencial. Por lo tanto, no es trabajo. Para Amma, este camino de abrazar personalmente a sus hijos es la manera más sencilla de expresar Su amor por ellos y por toda la creación. El trabajo cansa y disipa tu energía, mientras que amar nunca puede cansar ni aburrir. Al contrario, va llenando tu corazón de más y más energía. El amor puro hace que te sientas ligero como una flor. No sentirás ninguna pesadez ni carga. Es el ego el que crea la carga.

El sol no deja nunca de brillar; el viento también continúa soplando por toda la eternidad; y el río nunca para su corriente, diciendo: "¡Ya está bien! Llevo siglos haciendo el mismo trabajo; ya es hora de cambiar". No, no pueden parar nunca. Continuarán mientras el mundo exista, pues esa es su naturaleza. De igual forma, Amma no puede dejar de dar amor a Sus hijos, porque nunca se aburre de amar a Sus hijos.

El aburrimiento se produce cuando no hay amor. Entonces siempre quieres cambiar, cambiar de un lugar a otro, de un objeto a otro. Mientras que cuando hay amor nada envejece. Todo permanece eternamente nuevo y fresco. Pero para Amma el momento presente es mucho más importante que lo que haya que hacer mañana.

Pregunta: ¿Significa eso que continuarás dando darshan en los próximos años?

Amma: Mientras estas manos puedan moverse un poco y abrazar a los que acuden a Amma, mientras tenga un poco de fuerza y energía para poner Sus manos en el hombro de quien sufre y acariciarlo y secar sus lágrimas, Amma seguirá dando darshan. El deseo de Amma es acariciar, consolar y enjugar las lágrimas de todos los seres amorosamente, hasta el final de este cuerpo mortal.

Amma ha estado dando darshan durante los últimos 35 años. Por la gracia del Paramatman [Alma Suprema], Amma no ha tenido que cancelar ningún darshan ni programa debido a alguna dolencia física. Amma no se preocupa por el momento siguiente. El amor está en el presente, la felicidad está en el presente, Dios está en el presente y la Iluminación también está en el presente. Entonces, ¿por qué preocuparse por el futuro innecesariamente? Lo que sucede ahora es más importante que lo que vaya a suceder. Cuando el presente es tan maravilloso y pleno, ¿por qué preocuparse por el futuro? Dejemos que el futuro ocurra por sí solo, a partir del presente.

El hijo perdido y hallado

El doctor Jaggu es un residente del ashram de la India. Recientemente, su familia le dio dinero para que viajara con Amma a Europa. Cuando consiguió su visado, ya era tarde y Amma y su grupo habían salido de la India. No obstante, todos nos alegramos de que Jaggu fuera a reunirse con nosotros en Amberes, Bélgica.

Era el primer viaje que hacia Jaggu fuera de la India. Nunca había viajado en avión, así que lo organizamos todo con mucha antelación para que fueran a recogerlo al aeropuerto. Unos devotos lo esperaban a la salida del aeropuerto con un coche, pero Jaggu no aparecía. Las autoridades del aeropuerto confirmaron que un pasajero llamado Jaggu había volado desde el aeropuerto de Heathrow, en Londres. Dijeron que había aterrizado en el aeropuerto internacional de Bruselas hacia las cuatro de la tarde. Habían pasado cuatro horas desde que su vuelo aterrizara, pero no se sabía nada del Dr. Jaggu.

Con la ayuda de los empleados del aeropuerto y de varios devotos locales, se le buscó por todo el aeropuerto. Incluso se anunció su nombre por megafonía varias veces. No hubo respuesta, ni rastro alguno de Jaggu.

Al final, todos llegamos a creer que el Dr. Jaggu se había perdido en alguna parte, bien en aquel gigantesco aeropuerto o en la ciudad de Bruselas, en su desesperado intento por llegar al programa de Amma.

Mientras tanto, Amma estaba practicando alegremente unos bhajans nuevos, tranquilamente sentada en medio de todo el grupo que iba de gira con ella. Como todos estábamos preocupados y algo ansiosos por la inesperada desaparición de Jaggu, le di la noticia a Amma mientras seguía cantando. Esperaba que mostrara una gran preocupación maternal pero, para mi asombro, Amma se volvió y dijo simplemente: "Venga, canta la próxima canción".

Para mí, aquello era una buena señal. Al ver que Amma seguía fresca como una lechuga, les dije a los devotos: -Creo que Jaggu está totalmente a salvo, porque Amma está muy tranquila. Si hubiera algún problema, desde luego Ella estaría más preocupada.

A los pocos minutos se acercó el Brahmachari Dayamrita y anunció: -Jaggu acaba de aparecer en la puerta principal. -Casi simultáneamente, llegó el Dr. Jaggu con una gran sonrisa en su pequeño rostro.

No obstante, por la aventura que nos contó Jaggu, supimos que realmente se había perdido. Dijo: -Cuando salí del aeropuerto, no había nadie allí. No supe qué hacer. Aunque estaba un poco preocupado, tenía una gran fe en que Amma enviaría a alguien que me salvara de aquella situación totalmente extraña. Afortunadamente, tenía la dirección del programa de Amma. Una pareja se apiadó de mí y me ayudó a llegar hasta aquí.

Amma dijo: -Amma sabía muy bien que estabas bien y que encontrarías la forma de llegar aquí. Por eso ha seguido tranquila cuando le dijeron que te habías perdido.

Más tarde, aquella noche, le pregunté a Amma cómo sabía que Jaggu estaba a salvo. Ella me dijo: - Amma simplemente lo sabía.

-Pero, ¿cómo? —Me había picado la curiosidad.

Amma dijo: -Igual que ves tu imagen en un espejo, Amma veía que estaba a salvo.

Pregunté: -¿Viste cómo ayudaban a Jaggu o inspiraste a la pareja para que lo ayudara? -Amma no quiso decir nada más sobre la cuestión, aunque lo intenté un par de veces más.

La violencia

Pregunta: Amma, ¿la violencia y la guerra pueden ser medios para conseguir la paz?

Amma: La guerra no es un medio para conseguir la paz. Esta es una verdad natural que la historia nos ha revelado. A menos que se dé una transformación en la conciencia personal, la paz seguirá estando lejos. Sólo la vida y el pensamiento espirituales permitirán esa transformación. Por tanto, nunca lograremos corregir una situación concreta haciendo la guerra.

La paz y la violencia son opuestas. La violencia es una reacción fuerte, no una respuesta. Una reacción origina más reacciones. Es una lógica simple. Amma ha oído que en Inglaterra existía una forma peculiar de castigar a los ladrones. Tras pasear al reo por las calles, lo azotaban desnudo en la plaza pública. El propósito era que todos supieran el severo castigo que recibirían si cometían algún delito. Sin embargo, muy pronto tuvieron que cambiar el sistema, pues esas ocasiones eran una maravillosa oportunidad para los carteristas. Aprovechaban ese momento para robar las carteras de los que se quedaban absortos con la escena. El mismo lugar utilizado para el castigo se convertía en caldo de cultivo para el delito.

Pregunta: ¿Quieres decir que no tendría que haber ningún castigo?

Amma: No, no, en absoluto. Como la mayoría de la población mundial no sabe cómo utilizar su libertad para beneficiar a la sociedad, es bueno que haya cierto temor: "Serás castigado si no observas la ley". Sin embargo, elegir el camino de la violencia y la guerra para establecer la paz y la armonía en la sociedad no tendrá un efecto duradero. Sucede así porque la violencia crea profundas heridas y hiere sentimientos en la mente de la sociedad, los cuales se manifestarán como violencia y conflictos más graves en una etapa posterior.

Pregunta: Entonces, ¿cuál es la solución?

Amma: Hacer todo lo que pueda servir para expandir tu conciencia individual. Solo una conciencia expandida es capaz de una verdadera comprensión. Únicamente esas personas serán capaces de cambiar la visión de la sociedad. Por eso es tan importante la espiritualidad en el mundo actual.

La ignorancia es el problema

P regunta: ¿Existe alguna diferencia entre los problemas de la gente en India y en Occidente?

Amma: Desde un punto de vista externo, los problemas parecen diferentes. Sin embargo, el problema fundamental, la raíz de todos los problemas en el mundo, es único y el mismo. Es la ignorancia, la ignorancia sobre el Atman [el Ser], sobre nuestra naturaleza esencial.

Lo característico del mundo actual es prestar mucha atención a la seguridad física y muy poca a la seguridad espiritual. El centro de atención debería cambiar. Amma no dice que la gente no deba cuidar su cuerpo y su existencia física. No es esa la cuestión. Sin embargo, el problema básico es la confusión sobre lo que es permanente y lo que es transitorio. A lo transitorio, al cuerpo, se le da demasiada importancia, y lo permanente, el Atman, está totalmente olvidado. Esta actitud debería cambiar.

Pregunta: ¿Ves posibilidades de cambio en nuestra sociedad?

Amma. Las posibilidades siempre están ahí. Lo importante es preguntarse si la sociedad y los individuos desean cambiar.

En una clase, todos los estudiantes tienen las mismas oportunidades. Sin embargo, lo que un estudiante aprenda dependerá de su receptividad.

En el mundo actual todos desean que los demás cambien primero. Es difícil encontrar personas que sientan sinceramente que ellos mismos tienen que sufrir un cambio. En lugar de pensar que los demás deben cambiar primero, cada individuo tendría que esforzarse por cambiar él o ella misma. A menos que se dé una transformación en el mundo interior, las cosas seguirán más o menos igual en el mundo exterior.

Interpretar la humildad

A un devoto que preguntó sobre la humildad, Amma le dio la siguiente respuesta.

Amma: Normalmente, cuando decimos "Esa persona es muy humilde", queremos decir: "Ha secundado mi ego y me ha ayudado a mantenerlo intacto, sin herirlo. Le pedí que hiciera algo por mí y lo hizo sin poner ninguna objeción. Por tanto, es una persona humilde". Eso es lo que realmente significa esa afirmación. Sin embargo, en el momento en que "esa humilde persona" abre la boca y nos cuestiona, aunque sea con una buena razón, cambiamos de parecer. Diremos: "No es tan humilde como pensaba". Esa conclusión indica que: "Ha herido mi ego, y por lo tanto no es humilde".

¿Somos especiales?

Periodista: Amma, ¿crees que la gente de este país es especial?

Amma: Para Amma toda la raza humana, toda la creación, es muy especial porque en ellos está la divinidad. Amma también ve la divinidad en las personas de este país. Así que todos sois especiales.

Auto-Ayuda o auto-ayuda

Pregunta: Los libros y los métodos de auto-ayuda son muy populares en la sociedad occidental. Amma, ¿podrías decirnos que piensas de esto?

Amma: Todo depende de cómo se interprete la auto-ayuda.

Pregunta: ¿Qué quieres decir?

Amma: ¿Es Auto-Ayuda o auto-ayuda?

Pregunta: ¿Cuál es la diferencia?

Amma: La auténtica Auto-Ayuda es permitir que tu corazón florezca, mientras que la auto-ayuda es reforzar el ego.

Pregunta: Entonces, ¿qué sugieres, Amma?

Amma: "Acepta la Verdad", es lo que Amma diría.

Pregunta: No entiendo.

Amma: Eso es lo que hace el ego. No permite que aceptes la Verdad o que entiendas algo de modo correcto.

Pregunta: ¿Cómo voy a ver la Verdad?

Amma: Para ver la verdad necesitas ver primero la falsedad.

Pregunta: ¿Es el ego realmente una ilusión?

Amma: ¿Lo aceptarás si Amma lo dice?

Pregunta: Hmmm... si Tú quieres.

Amma (riendo) ¿Si Amma quiere? La cuestión es si quieres tú oír y aceptar la Verdad.

Pregunta: Sí, quiero oír y aceptar la Verdad.

Amma: Entonces, la Verdad es Dios.

Pregunta: Eso significa que el ego es irreal, ¿no es así?

Amma: El ego es irreal. Es el problema que está en ti.

Pregunta: Entonces, ¿todos llevan ese problema dondequiera que vayan?

Amma: Sí, los humanos se han convertido en problemas andantes.

Pregunta: ¿Entonces, cuál es el siguiente paso?

Amma: Si no quieres reforzar el ego, entonces ayuda a tu Ser a hacerse más fuerte. O si deseas Auto-Ayuda, busca la ayuda de Dios.

Pregunta: Muchos temen perder el ego. Piensan que es la base de su existencia en el mundo.

Amma: Si realmente quieres buscar la ayuda de Dios para descubrir tu Verdadero Ser, no tienes que sentir temor a perder tu ego, el pequeño ser.

Pregunta: Pero al reforzar el ego, tenemos beneficios mundanos, que son experiencias directas e inmediatas. Por el contrario, al perder nuestro ego, la experiencia no es tan directa ni tan inmediata.

Amma: Por eso es tan importante la fe en el camino hacia el Verdadero Ser. Para que algo funcione adecuadamente y produzca el resultado adecuado, se debe establecer el contacto adecuado y dejar que la fuente fluya. En el caso de la espiritualidad, el punto de contacto y la fuente están en el interior. Toca ese punto y entonces tendrás una experiencia directa e inmediata.

El ego sólo es una pequeña llama

Amma: El ego es una pequeña llama que puede extinguirse en cualquier momento.

Pregunta: ¿Cómo describes el ego en este contexto?

Amma: Todo lo que acumulas —nombre, fama, dinero, poder, posición— no es más que el combustible de la pequeña llama del ego, que se extinguirá en cualquier momento. Incluso el cuerpo y la mente forman parte del ego. Todos ellos son de naturaleza transitoria, y, por tanto, también forman parte de esa llama insignificante.

Pregunta: Pero, Amma, estas cosas son importantes para un ser humano normal.

Amma: Desde luego, son importantes, pero eso no significa que sean permanentes. Son triviales porque son transitorias. Puedes perderlas en cualquier momento. El tiempo te las arrebatará sin previo aviso. Está bien utilizarlas y disfrutarlas, pero considerarlas permanentes es una falsa percepción. En otras palabras, hay que comprender su transitoriedad y no sentirse demasiado orgulloso de ellas.

Lo más importante en la vida es construir tu conexión interior con lo permanente e inmutable, con Dios o el Ser. Dios es la fuente, el verdadero centro de nuestra vida y nuestra existencia. Todo lo demás es la periferia. La auténtica Auto-Ayuda sólo se da cuando establecéis vuestra conexión con Dios, el verdadero bindu [centro], no con la periferia.

Pregunta: Amma, ¿conseguimos algo al extinguir esta pequeña llama del ego? ¿No perderemos de ese modo nuestra identidad como individuos?

Amma: Desde luego, al extinguir la pequeña llama del ego perderás tu identidad como individuo pequeño y limitado. No obstante, esto no es absolutamente nada comparado con lo que obtienes de esa aparente pérdida: el sol del puro conocimiento, la luz inextinguible. También, cuando pierdes tu identidad como un ser pequeño y limitado, te haces uno con lo más grande de lo más grande, el universo, la consciencia incondicional. Para que esta experiencia ocurra, necesitas la guía constante de un Satguru [Maestro Auténtico].

Pregunta: ¡Perder mi identidad! ¿No es eso una experiencia que asusta?

Amma: Sólo se pierde el pequeño ser personal. Nuestro Verdadero Ser nunca puede perderse. Te asusta porque estás tremendamente identificado con tu ego. Cuanto mayor es el ego, más temor sientes y también más vulnerable eres.

Las noticias

Periodista: Amma, ¿qué opinión tienes de las noticias y los medios de comunicación?

Amma: Muy buena, si los periodistas cumplen con sus responsabilidades con la sociedad de forma honrada y veraz. Hacen un gran servicio a la humanidad.

Amma ha oído una historia: un grupo de hombres fue enviado a trabajar a un bosque durante un año. Se contrató a dos mujeres para que cocinaran para ellos. Cuando finalizaron los contratos, dos de aquellos hombres se casaron con las dos cocineras. Al día siguiente la prensa daba cuenta de la gran noticia: "¡Un dos por ciento de los hombres se casa con el cien por cien de las mujeres!".

El periodista disfrutó de la historia y se estuvo riendo un buen rato.

Amma: Esa información está bien si es humorística, pero no es una información honesta.

La chocolatina y el tercer ojo

Un devoto se estaba quedando dormido mientras intentaba meditar. Amma le lanzó una chocolatina. Amma tiene una puntería perfecta. La chocolatina acertó a darle exactamente en el entrecejo. El hombre abrió los ojos sobresaltado. Con la chocolatina en la mano miró alrededor para ver de dónde procedía. Al ver su confusión, Amma se puso a reír. Cuando el hombre se dio cuenta de que había sido Amma la que se lo había lanzado, su rostro resplandeció. Llevó el caramelo hasta su frente, en señal de reverencia. Pero un momento después se echó a reír a carcajadas, y luego se levantó y se acercó a Amma.

Pregunta: La chocolatina ha dado en el lugar exacto, en el entrecejo, el centro espiritual. Quizás esto me ayude a abrir el tercer ojo.

Amma: No te ayudará.

Pregunta: ¿Por qué?

Amma: Porque has dicho "quizás", lo que significa que tienes dudas. No tienes una fe total. ¿Cómo va a servirte si no tienes fe?

Pregunta: ¿Me estás diciendo que se habría abierto si mi fe fuera total?

Amma: Sí. Si tuvieras completa fe, la realización se podría producir en cualquier momento y lugar.

Pregunta: ¿Me lo dices en serio?

Amma: Sí, desde luego.

Pregunta: ¡Oh, Dios mío… he perdido una gran oportunidad!

Amma: No te preocupes, mantente consciente y alerta. Las oportunidades volverán a presentarse. Ten paciencia y sigue intentándolo.

El hombre parecía un poco decepcionado y dio media vuelta para regresar a su asiento.

Amma: (dándole unas palmaditas en la espalda) Por cierto, ¿por qué te reíste tan fuerte?

Al oír esta pregunta, el devoto se echó a reír de nuevo.

Pregunta: Mientras dormitaba meditando, tuve un sueño maravilloso. Te vi tirándome una chocolatina para despertarme. De pronto desperté, y tardé unos momentos en darme cuenta de que me habías tirado una chocolatina de verdad.

Amma y todos los devotos que había alrededor se pusieron a reír con el hombre.

La naturaleza de la Iluminación

Pregunta: Amma, ¿hay algo que te preocupe o te complazca especialmente?

Amma: A la Amma exterior le preocupa el bienestar de sus hijos. Y como parte de Su ayuda para que crezcan espiritualmente, a veces puede sentirse contenta o decepcionada con ellos. No obstante, la Amma interior se mantiene imperturbable y desapegada, en estado de constante paz y dicha. No le afecta nada que suceda externamente, pues es plenamente consciente de la imagen general.

Pregunta: El estado de permanencia definitivo se describe utilizando muchos adjetivos. Por ejemplo: imperturbable, firme, inamovible, inmutable, etc. Parece un estado sólido, como una roca. Amma, por favor, ayúdame a comprenderlo mejor.

Amma: Esas palabras se utilizan para transmitir el estado interior de desapego, la capacidad de observar y ser testigo de todo, de mantener un distanciamiento en todas las circunstancias de la vida.

Sin embargo, la Iluminación no es un estado rígido como una roca, donde uno pierde todos los sentimientos internos. Es un estado mental, un logro espiritual, en el que puedes recogerte y permanecer absorto siempre que lo desees. Tras abrir la fuente de infinita energía, tu capacidad para sentir y expresarlo todo adquiere una belleza y una profundidad especial, sobrenatural. Una persona iluminada puede expresar emociones con la intensidad que desee.

Sri Rama lloró cuando el rey demonio, Ravana, raptó a su sagrada consorte, Sita. De hecho, se lamentó como cualquier ser humano mortal y preguntó a todas las criaturas del bosque: "¿Habéis visto a mi Sita? ¿Adónde se fue, dejándome solo?" A Krishna se le llenaron los ojos de lágrimas cuando se encontró con su buen amigo Sudama después de mucho tiempo. También se dieron hechos parecidos en las vidas de Cristo y Buda. Estos Mahatmas se encontraban en un espacio tan expansivo e ilimitado, que podían expresar cualquier emoción que desearan. Ellos reflejaban, no reaccionaban.

Pregunta: ¿Reflejaban?

Amma: Como un espejo, los Mahatmas responden a cualquier situación con perfecta espontaneidad. Comer cuando estás hambriento es una respuesta. Pero comer cuando ves algún alimento es una reacción. También es una enfermedad. Lo que un Mahatma hace es responder a una situación particular sin que le afecte y luego pasar a la siguiente situación.

Sentir y expresar emociones, además de compartirlas sinceramente y sin reservas, sólo acrecienta el esplendor y la gloria de un ser iluminado. Es una equivocación considerarlo una debilidad. Más bien debería considerarse una expresión de su compasión y su amor de un modo mucho más humano. De otro modo, ¿cómo iban a comprender los seres humanos corrientes su interés y su amor?

El observador

Pregunta: ¿Qué nos impide experimentar a Dios?

Amma: El sentimiento de otredad.

Pregunta: ¿Cómo podemos eliminarlo?

Amma: Volviéndonos cada vez más conscientes.

Pregunta: ¿Conscientes de qué?

Amma: Conscientes de todo lo que sucede dentro y fuera.

Pregunta: ¿Cómo nos volvemos más conscientes?

Amma: La consciencia se da cuando comprendes que todo lo que proyecta la mente carece de sentido.

Pregunta: Amma, las escrituras afirman que la mente es inerte, y tú dices que la mente proyecta. Parece contradictorio. ¿Cómo puede la mente proyectar si es inerte?

Amma: Igual que hace la gente, especialmente los niños, cuando proyectan diferentes formas en el cielo infinito. Observando el cielo, lo niños dirán: "Hay un carro, y ahí va un demonio. Oh, ¡mira el rostro radiante de ese ser celestial!" y cosas así. ¿Significa eso que esas formas estén realmente en el cielo? No, los niños simplemente están imaginando esas formas en el vasto cielo. En realidad, son las nubes las que asumen diferentes formas. El cielo, el espacio infinito, sólo está ahí; y todos los nombres y formas se superponen sobre él.

Pregunta: Pero si la mente es inerte, ¿cómo puede siquiera superponerse o cubrir el Atman?

Amma: Aunque parezca que la mente está viendo, el verdadero observador es el Atman. Las tendencias acumuladas, que conforman la mente, son como unas gafas. Cada persona lleva gafas con cristales de distinto color. Vemos y juzgamos el mundo de acuerdo con el color de nuestras gafas. Detrás de esas gafas, el Atman permanece inmóvil, como un testigo, iluminándolo todo con su presencia. Pero nosotros confundimos la mente con el Atman. Imaginemos que llevamos unos cristales de color rosa, ¿no veremos el mundo de color rosa? Aquí, ¿quién es el verdadero observador? ¿Acaso no somos "nosotros" los observadores y el par de gafas el elemento inerte?

No seremos capaces de ver el sol si nos quedamos detrás de un árbol. ¿Significa eso que el árbol es capaz de cubrir el sol? No, eso sólo muestra las limitaciones de nuestros ojos y nuestra vista. El sentimiento de que la mente puede cubrir el Atman es parecido.

Pregunta: Si somos de la naturaleza del Atman, ¿por qué debemos esforzarnos en conocerlo?

Amma: Los humanos tenemos la idea equivocada de que podemos alcanzar todas las cosas a través del esfuerzo. En realidad, el esfuerzo es nuestro orgullo. En el camino hacia Dios, todos los esfuerzos nacidos del ego se desmoronarán y acabarán fracasando. Esto en realidad es un mensaje divino, el mensaje de que necesitamos entregarnos y recibir la gracia. Esto nos ayudará finalmente a darnos cuenta de las limitaciones de nuestro esfuerzo, de nuestro ego. En resumen, el esfuerzo nos enseña que sólo con el esfuerzo no alcanzaremos nuestros objetivos. En último término, la gracia es el factor determinante.

Tanto si nos esforzamos por la realización de Dios como por satisfacer los deseos mundanos, la gracia es el factor que permite alcanzar la meta.

La inocencia es la Divina Shakti

Pregunta: ¿Puede una persona inocente ser débil?

Amma: "Inocencia" es una palabra que se interpreta incorrectamente. Se utiliza incluso para referirse a las personas tímidas o que no reaccionan. A los ignorantes y a los analfabetos también se les considera inocentes. La ignorancia no es la inocencia. La ignorancia es la falta de amor verdadero, de discernimiento y de comprensión, mientras que la auténtica inocencia es amor puro dotado de discernimiento y comprensión. Es shakti [energía divina]. Incluso en una persona tímida hay ego. Una persona realmente inocente es una persona sin ego, completamente altruista, y por lo tanto es una persona llena de poder

Amma no puede ser de otra manera

A mma (dirigiéndose a una devota durante el darshan): ¿Qué estás pensando?

Devota: Me preguntaba cómo puedes estar sentada tanto tiempo, horas y horas, mostrándote absolutamente paciente y resplandeciente.

Amma: (riendo) Hija, ¿cómo es que estás pensando incesantemente, de forma ininterrumpida?

Devota: Sucede sin más, no puedo ser de otra manera.

Amma: En efecto, esa es la respuesta: sucede sin más, Amma no puede ser de otra manera.

Como reconocer a tu amada

U n *hombre le hizo a Amma una pregunta sobre la actitud del amante y la amada del aspirante espiritual que sigue el camino devocional.*

Amma: El amor puede aparecer en cualquier momento y lugar. Es como reconocer a tu amada en medio de la multitud. La ves en una esquina con miles de personas más, pero tus ojos la ven a ella y sólo a ella. La reconoces, te comunicas con ella y te enamoras, ¿verdad? No piensas: el pensamiento se detiene y de repente, por unos instantes, estás en el corazón. Estás enamorado. De manera parecida, todo ocurre en una fracción de segundo. Estás ahí mismo, en el centro de tu corazón, que es puro amor.

Pregunta: Si ese es el verdadero centro del amor, entonces ¿qué nos distrae y nos aleja de él?

Amma: El sentido de posesión; en otras palabras, el apego. Es lo que mata la belleza de esa pura experiencia. Cuando estás dominado por el apego, te extravías y el amor se convierte en desdicha.

El sentimiento de otredad

Pregunta: ¿Alcanzaré el samadhi [Iluminación] en esta vida?

Amma: ¿Por qué no?

Pregunta: Si es así, ¿qué debo hacer para acelerar el proceso?

Amma: Ante todo, olvídate del samadhi y céntrate por completo en tu sadhana [práctica espiritual] con mucha fe. Un auténtico sadhak [aspirante espiritual] cree más en el presente que en el futuro. Cuando situamos nuestra fe en el momento presente, toda nuestra energía se centra aquí y ahora. El resultado es la entrega. Entrégate al momento presente y ocurrirá.

Todo sucede espontáneamente cuando te distancias de tu mente. Una vez que lo consigues, permanecerás totalmente en el presente. La mente es el "otro" en ti. Es la mente la que crea el sentimiento de otredad.

Amma va a contarte una historia. Había una vez un famoso arquitecto que tenía muchos estudiantes. El arquitecto tenía una relación muy peculiar con uno de ellos. No iniciaba ninguna obra hasta que obtenía la confirmación de ese estudiante. Si el estudiante decía que no a determinado dibujo o boceto, el arquitecto lo desechaba de inmediato. El arquitecto dibujaba un boceto tras otro hasta que el estudiante daba su conformidad. Estaba obsesionado con la opinión de ese estudiante. No quería avanzar ni un paso a menos que el estudiante dijera: "De acuerdo, señor, siga adelante con ese diseño."

En cierta ocasión le encargaron el diseño de la puerta de un templo. El arquitecto empezó a dibujar distintos bocetos. Y como solía hacer, se los fue mostrando al estudiante, pero éste iba rechazando todos los que le presentaba. Así trabajó día y noche creando cientos y cientos de diseños, pero al estudiante no le gustaba ninguno. Se acababa el tiempo y tenían que acabar muy pronto. Un día, el arquitecto envió al estudiante a buscar tinta. El estudiante tardó un rato en llegar; mientras tanto, el arquitecto estaba absorto diseñando otro modelo. Justo en el momento en que entraba el estudiante, el arquitecto acabó su diseño, y se lo mostró preguntándole: -¿Qué te parece este?

-¡Sí, eso es! –dijo el estudiante entusiasmado.

-¡Ahora sé por qué! - respondió el arquitecto-. Antes estaba obsesionado con tu presencia y tu opinión. Por esa causa no estaba totalmente presente en lo que hacía. Ahora, cuando te has ido, me he sentido libre, relajado y completamente entregado al momento. Así es como ha sucedido.

En realidad, no era la presencia del discípulo la que generaba el obstáculo, sino el apego del arquitecto a la opinión del estudiante. Cuando se pudo distanciar de ella, se encontró de pronto en el presente y surgió una creación genuina.

Al pensar que el samadhi es algo que sucederá en el futuro, no haces más que soñar con ello. Derrochas mucha shakti [energía divina] soñando con el samadhi. Canaliza esa shakti adecuadamente, utilízala para centrarte en el momento presente, y la meditación o samadhi aparecerán sin más. La meta no está en el futuro, sino en el presente. Estar en el mismo presente es samadhi, y esa es la verdadera meditación.

¿Dios es masculino o femenino?

Pregunta: Amma, ¿Dios es masculino o femenino?

Amma: Dios no es ni él ni ella. Dios está más allá de esas limitadas definiciones. Dios es "Ello" o "Eso". Pero si necesitas definir a Dios como él o ella, es mejor hacerlo como ella, pues él está contenido en ella.

Pregunta: Esta respuesta puede irritar a los hombres, pues coloca a las mujeres en un pedestal más alto.

Amma: Ni las mujeres ni los hombres deberían ser colocados en un pedestal más alto, pues Dios les ha dado a ambos un lugar propio adorable. Los hombres y mujeres no deberían competir entre ellos, sino completarse entre sí.

Pregunta: ¿Qué quieres decir con "completarse"?

Amma: Significa apoyarse mutuamente y dirigirse juntos hacia la perfección.

Pregunta: Amma, ¿no crees que muchos hombres se sienten superiores a las mujeres?

Amma: Tanto si opinan "soy superior" o "soy inferior", estos dos pensamientos son producto del ego. Si el hombre piensa: "Somos superiores a las mujeres", eso solo muestra su ego excesivamente exagerado, que desde luego es una gran debilidad, además de destructivo. De forma parecida, si las mujeres piensan que son inferiores a los hombres, eso significa simplemente: "Como somos inferiores, queremos ser superiores". ¿Qué otra cosa puede ser esto sino ego? Estas dos actitudes inadecuadas y enfermizas aumentarán la separación entre hombres y mujeres. Si no salvamos la brecha ofreciendo el debido respeto y amor tanto a hombres como a mujeres, el futuro de la humanidad será cada vez más oscuro.

La espiritualidad
genera equilibrio

Pregunta: Amma, cuando dices que Dios es más ella que él, no te estabas refiriendo a la apariencia externa, ¿verdad?

Amma: No, no es la apariencia externa. Es la realización interna la que cuenta. Hay una mujer dentro de cada hombre, y viceversa. La mujer en el hombre; es decir, el auténtico amor y compasión en el hombre, debería despertarse. Este es el significado subyacente al Ardhanarishwara [mitad dios y mitad diosa] de la tradición hindú. Si el aspecto femenino está dormido en una mujer, no es una madre y está alejada de Dios. Pero si este aspecto se despierta en un hombre, él es más como una madre y está más cerca de Dios. Esto también es igualmente aplicable al aspecto masculino. El propósito de la espiritualidad es crear el equilibro adecuado entre lo masculino y lo femenino. Por lo tanto, el despertar interno de la conciencia es más importante que la apariencia externa.

El apego y el amor

U n *hombre de edad mediana le estaba explicando a Amma lo triste que se sentía tras su divorcio.*

Pregunta: Amma, la amé mucho e hice todo lo que pude para que fuera feliz. Aún así esta tragedia ha ocurrido en mi vida. A veces me siento totalmente hundido. Por favor, ayúdame. ¿Qué debo hacer? ¿Cómo puedo superar este dolor?

Amma: Hijo, Amma comprende tu dolor y tu sufrimiento. Es difícil superar estas emociones tan deprimentes. Sin embargo, también es importante tener una adecuada comprensión de lo que estás sintiendo, sobre todo porque esta situación se ha convertido en un escollo en tu vida.

Lo más importante es que reflexiones y valores si esta tristeza procede de un sentimiento de amor verdadero o del apego. En el amor verdadero no hay dolor auto-destructivo, porque sencillamente la amas, no la posees. Probablemente, estás demasiado apegado a ella o eres demasiado posesivo. De ahí proceden estos pensamientos tristes y depresivos.

Pregunta: ¿Tienes algún método sencillo o técnica para superar este dolor auto-destructivo?

Amma: "¿Estoy realmente enamorado o estoy demasiado apegado?" Hazte esta pregunta tan profundamente como puedas. Reflexiona sobre ella. Y pronto te darás cuenta de que lo que conocemos como amor es realmente apego. La mayoría de la gente está ansiosa de apego, no de amor verdadero. Así que Amma diría que es una ilusión. De hecho, nos traicionamos a nosotros mismos. Confundimos el apego con el amor. El amor es el centro y el apego está en la periferia. Quédate en el centro y desapégate de la periferia. Entonces el dolor desaparecerá.

Pregunta: (en tono de confesión) Tienes razón. Me doy cuenta de que mi sentimiento predominante hacia mi ex mujer es de apego, no de amor, tal como has explicado.

Amma: Si te has dado cuenta de lo que provoca tu dolor, entonces despréndete de ello y libérate. La enfermedad ha sido diagnosticada, se ha encontrado la parte que estaba infectada; ahora elimínala. ¿Por qué quieres seguir llevando esa carga innecesaria? Deshazte de ella sin más.

Cómo superar los peligros de la vida

Pregunta: Amma, ¿cómo puedo reconocer los amenazantes escollos de la vida?

Amma: Aumentando tu capacidad de discernimiento.

Pregunta: ¿Es lo mismo discernimiento que sutileza mental?

Amma: El discernimiento es la capacidad de la mente para permanecer alerta en el presente.

Pregunta: Pero Amma, ¿cómo me previene eso de los futuros peligros?

Amma: Si estás alerta en el presente, tendrás que afrontar menos peligros en el futuro. Sin embargo, no puedes eludir ni prevenir todos los problemas.

Pregunta: ¿Nos ayuda el jyotish [astrología védica] a comprender mejor el futuro, y por tanto a evitar los posibles peligros?

Amma: Hasta los expertos en este terreno pasan por periodos difíciles en su vida. Hay astrólogos que tienen muy poca capacidad de discernimiento e intuición. Esas personas ponen en peligro sus propias vidas y las de los demás. El conocimiento de la astrología o la lectura de tu carta astral no es lo que te permite esquivar los obstáculos.

Lo que realmente te ayuda a tener más paz y menos problemas es una comprensión más profunda de la vida y saber afrontar con discernimiento las distintas situaciones.

Pregunta: ¿El discernimiento y la comprensión son la misma cosa?

Amma: Sí, es lo mismo. Cuanto más discernimiento tengas más comprensión obtendrás, y viceversa.

Cuanto más aumente tu capacidad para estar en el presente, más alerta estarás y más revelaciones tendrás. Así, recibirás más mensajes de la divinidad. Cada momento te trae esos mensajes. Si estás abierto y receptivo, podrás percibirlos.

Pregunta: Amma, ¿quieres decir que esas revelaciones nos permiten reconocer posibles peligros futuros?

Amma: Sí, obtendrás indicaciones y señales de esas revelaciones.

Pregunta: ¿Qué clase de indicaciones y señales?

Amma: Por ejemplo, ¿cómo sabes que estás a punto de sufrir una migraña? Empiezas a sentirte incómodo y a ver círculos negros delante de los ojos ¿verdad? Una vez que se manifiestan los síntomas, tomas la medicina adecuada y eso te ayuda. Del mismo modo, antes de que se presenten los peligros o los fracasos en la vida, aparecen ciertas señales. La gente normalmente las pasa por alto. Sin embargo, si tienes una mente más clara y receptiva, puedes recibirlas y adoptar las medidas necesarias para superarlos.

Amma recuerda la siguiente anécdota: Un periodista estaba entrevistando a un hombre de negocios de mucho éxito, y le preguntó: -¿Cuál es el secreto de su éxito?

Entrevistado: -Dos palabras.

Periodista: -¿Cuáles?

Entrevistado: -Decisiones correctas.

Periodista: -¿Cómo tomar las decisiones correctas?

Entrevistado: -Una palabra.

Periodista: -¿Cuál?

Entrevistado: -Experiencia.

Periodista: -¿Cómo se consigue la experiencia?

Entrevistado: -Dos palabras.

Periodista: -¿Cuáles?

Entrevistado: -Decisiones equivocadas.

Así que ya ves, hijo, todo depende de cómo aceptes, comprendas y te entregues a las distintas situaciones.

Amma va a contarte otra historia. Invitados por Yudhishthira, los Kauravas visitaron Indraprastha, la capital real de los Pandavas[2]. El jardín de la ciudad estaba tan hábilmente diseñado que algunos espacios parecían maravillosos lagos, pero en realidad solo eran suelos normales. Del mismo modo, había otros lugares que, aunque parecían ser suelos normales, eran estanques de agua. Todo el entorno tenía un aire surreal. Los cien hermanos, comandados por Duryodhana, el mayor de los Kauravas, se adentraron en aquel jardín maravilloso y empezaron a desnudarse para nadar ante lo que parecía un estanque. No obstante, era un suelo normal que parecía un estanque. Sin embargo, antes de llegar a aquel supuesto estanque, todos los hermanos, además de Duryodhana, habían caído en un estanque de verdad que parecía un suelo y quedaron completamente empapados. Panchali, la esposa de los cinco hermanos Pandavas, se echó a reír al ver aquella situación tan divertida. Duryodhana y sus hermanos lo consideraron un grave insulto.

Este fue uno de los incidentes clave que encendieron una gran ira y deseos de venganza en los hermanos Kauravas, y que más tarde desembocaran en la guerra del Mahabharata y en una gran destrucción.

Esta historia tiene un gran significado. En la vida real, también afrontamos muchas situaciones que parecen realmente peligrosas, y por tanto tomamos ciertas precauciones al hacerles frente. Sin embargo, finalmente pueden resultar inofensivas. Y otras situaciones que parecen seguras, pueden a la larga ser muy precarias. Nada es insignificante. Por eso es importante que tengamos shraddha [aguda capacidad de discernimiento, de atención y conciencia] cuando afrontamos la vida y las diversas experiencias que nos ofrece.

No acumules la riqueza de Dios

Pregunta: ¿Es pecado acumular y poseer?

Amma: No es pecado mientras seas compasiva. En otras palabras, debes tener la disposición de compartir con los pobres y necesitados.

Pregunta: ¿De otro modo?

Amma: De otro modo es un pecado

Pregunta: ¿Por qué?

Amma: Porque todo lo que hay aquí es de Dios. Nuestra propiedad es temporal, viene y se va.

Pregunta: Pero, ¿no quiere Dios que utilicemos todo lo que ha creado para nosotros?

Amma: Desde luego, pero Dios no quiere que hagamos mal uso de estas cosas. Dios también quiere que utilicemos nuestra capacidad de discernimiento mientras disfrutamos de todo lo que Él ha creado.

Pregunta: ¿Qué es el discernimiento?

Amma: El discernimiento es aplicar el conocimiento de modo que no te llame a engaño. Es decir, usar el conocimiento para distinguir entre dharma y adharma [lo correcto y lo incorrecto], entre lo permanente y lo transitorio, eso es discernimiento.

Pregunta: Entonces, ¿cómo utilizar los objetos del mundo con discernimiento?

Amma: Renuncia a la propiedad, considera todas las cosas de Dios y disfrútalas. Este mundo es una parada temporal. Estamos aquí como visitantes durante un breve periodo. Debido a nuestra ignorancia, lo dividimos todo, cada pulgada de tierra, como nuestra y de ellos. El trozo de tierra que reivindicamos como propio ha pertenecido a muchos otros anteriormente. Ahora esos antiguos propietarios están enterrados en ella. Puede que hoy sea tu turno de aparecer como propietario, pero recuerda que un día tú también desaparecerás. Entonces llegará otra persona y ocupará tu lugar. Así que, ¿qué sentido tiene considerarse propietario de algo?

Pregunta: Entonces, ¿qué papel tengo que desempeñar aquí?

Amma: Ser el siervo de Dios. Dios, el dador de todo, quiere que compartas su riqueza con todos. Si esa es la voluntad de Dios, entonces ¿quién eres tú para guardarla para tí? Si, contra la voluntad de Dios, rechazas repartirla, entonces estás acumulando, que es lo mismo que robar. Limítate a tener la actitud de un visitante de este mundo.

En cierta ocasión un hombre fue a ver a un Mahatma. Al no encontrar muebles ni objetos decorativos en la vivienda, el hombre preguntó a ese gran alma: -Es extraño, ¿por qué no hay muebles aquí?

-¿Quién eres tú? - le preguntó el Mahatma.

-Soy un visitante - respondió el hombre.

-Yo también –dijo el Mahatma-. Por lo tanto ¿para que voy a acumular objetos sin sentido?

Amma y la Naturaleza

Pregunta: ¿Cuál es Tu relación con la Naturaleza?

Amma: La conexión de Amma con la Naturaleza no es una relación; es la Unidad total. Quien ama a Dios ama también la Naturaleza, pues Dios y la Naturaleza no son dos. Cuando alcanzas el estado de Iluminación, entras en conexión con todo el universo. En la relación de Amma con la Naturaleza no hay amante ni amado; sólo amor. No hay dos; sólo hay uno; sólo hay amor.

Normalmente en las relaciones falta el verdadero amor. En las relaciones de la gente corriente hay dos, o también podría decirse que hay tres: el amante, el amado y el amor. En el auténtico amor, sin embargo, el amante y el amado desaparecen, y lo que queda es una experiencia ininterrumpida de amor puro e incondicional.

Pregunta: ¿Qué es la Naturaleza para los seres humanos?

Amma: La Naturaleza significa la vida para los humanos. Ella es parte integrante de nuestra existencia. Es una interrelación que se da en todo momento y en todos los niveles. No solo dependemos totalmente de la Naturaleza, sino que influimos en ella y ella en nosotros. Y cuando amamos de verdad la Naturaleza, ella responde ofreciéndonos sus interminables recursos. Y, al igual que cuando amamos realmente a otra persona, en nuestro amor hacia la Naturaleza deberíamos ser infinitamente fieles, pacientes y compasivos.

Pregunta: ¿Es una relación de intercambio o de mutua ayuda?

Amma: Es las dos cosas y más aún. Sin embargo, la Naturaleza seguirá existiendo incluso sin los seres humanos. Sabe cómo cuidar de sí misma. Pero los humanos necesitan el apoyo de la Naturaleza para su existencia.

Pregunta: ¿Qué sucedería si el intercambio entre la Naturaleza y los seres humanos llegara a ser completo?

Amma: Ella dejaría de ocultarnos cosas. Abriría sus infinitos tesoros y su riqueza natural, permitiendo que disfrutáramos de ella. Como una madre, nos protegería, nutriéndonos y alimentándonos.

En una relación perfecta entre la humanidad y la Naturaleza, se crea un campo energético circular en el que ambas fluyen una dentro de la otra. Dicho de otro modo, cuando los seres humanos nos enamoremos de la Naturaleza, ella se enamorará de nosotros.

Pregunta: ¿Por qué la gente actúa de un modo tan cruel con la Naturaleza? ¿Se debe a su egoísmo o a su falta de comprensión?

Amma: A ambas cosas. De hecho, la falta de comprensión se manifiesta en forma de acciones egoístas.

Básicamente, se trata de ignorancia. A causa de su ignorancia, la gente piensa que la Naturaleza es simplemente un lugar del que se puede seguir tomando, sin dar nada a cambio. La mayoría de los seres humanos sólo conoce el lenguaje de la explotación. Debido a su completo egoísmo, son incapaces de tener en cuenta a sus semejantes. En el mundo actual, nuestra relación con la Naturaleza no es más que una extensión del egoísmo que llevamos dentro.

Pregunta: Amma, ¿qué quieres decir con tener en cuenta a los demás?

Amma: Lo que Amma quiere decir es que tengamos en cuenta a los demás con compasión. Para tener en cuenta a la Naturaleza y a los seres humanos, la primera y más importante cualidad que debemos desarrollar es una profunda conexión con nuestra propia conciencia. Conciencia, en su sentido real, es poder ver a los demás igual que a nosotros mismos. Igual que vemos nuestra imagen en un espejo, ver a los otros como tú mismo. Es decir, reflejar a los demás y también sus sentimientos de felicidad o dolor. Tenemos que desarrollar esta capacidad en nuestra relación con la Naturaleza.

Pregunta: Los primeros habitantes de este país eran nativos americanos. Ellos adoraban a la Naturaleza y tenían una profunda conexión con ella. ¿Crees que también deberíamos hacer lo mismo?

Amma: Lo que cada uno debe hacer depende de su configuración mental. Sin embargo, la Naturaleza es una parte de la vida, una parte del todo. La Naturaleza es ciertamente Dios. Adorar a la Naturaleza es igual que adorar a Dios.

Al adorar al Monte Govardhana, el Señor Krishna nos dio una gran lección: convertir la adoración a la Naturaleza en parte de nuestra vida diaria. Krishna pidió que la gente adorara al Monte Govardhana porque aquella montaña los protegía. Igualmente, el Señor Rama, antes de construir el puente para cruzar el mar entre la India y Sri Lanka, hizo tres días de estrictas austeridades para complacer al mar. Hasta los Mahatmas muestran un gran respeto y cuidado por la Naturaleza y piden sus bendiciones antes de iniciar cualquier acción. En la India hay templos dedicados a los pájaros, a los animales, a las plantas, y hasta a los lagartos y las serpientes venenosas. Así se hace hincapié en el gran valor de la conexión entre los humanos y la Naturaleza.

Pregunta: Amma, ¿qué nos aconsejas para restablecer la relación entre los seres humanos y la Naturaleza?

Amma: Seamos compasivos y considerados. Tomemos de la Naturaleza sólo lo que realmente necesitamos, y tratemos de devolverlo en cierta medida. Porque sólo si damos recibiremos. Una bendición es algo que vuelve a nosotros en respuesta a nuestro modo de acercarnos a algo. Si nos aproximamos a la Naturaleza con amor, considerando que es la vida, que es Dios, que es parte de nuestra propia existencia, entonces nos servirá como nuestra mejor amiga, una amiga en la que siempre podremos confiar y que nunca nos traicionará. Pero si nuestra actitud hacia la Naturaleza es incorrecta, no nos responderá con una bendición, sino con una reacción negativa. La Naturaleza se volverá contra la raza humana si no cuidamos nuestra relación con ella, y las consecuencias pueden ser desastrosas.

Muchas de las maravillosas creaciones de Dios han desaparecido por el mal comportamiento de la gente y su total descuido de la Naturaleza. Si continuamos actuando de ese modo, sólo estaremos preparando el terreno para el desastre.

Sannyasa, la cumbre de la existencia humana

Pregunta: ¿Qué es sannyasa?

Amma: Sannyasa es la cumbre de la existencia humana. Es la culminación del nacimiento humano.

Pregunta: ¿Es un estado mental o algo más?

Amma: Sannyasa es un estado mental y un estado de "no-mente".

Pregunta: Amma, ¿cómo puedes explicar ese estado… o lo que sea?

Amma: Si las experiencias mundanas son difíciles de explicar, ¿cómo vamos a explicar sannyasa, que es la más forma más elevada de experiencia? Es un estado en el que uno tiene completa libertad de elección interna.

Pregunta: Amma, disculpa que haga tantas preguntas, pero ¿qué quieres decir con "completa libertad de elección"?

Amma: Los seres humanos son esclavos de sus pensamientos. La mente no es más que una continua corriente de pensamientos. La presión creada por estos pensamientos te convierte en una víctima desamparada ante las situaciones externas. En una persona hay innumerables emociones y pensamientos, tanto sutiles como burdos. Incapaz de observar atentamente y discernir entre el bien y el mal, lo productivo y lo destructivo, la mayoría de la gente se convierte en presa fácil de los impulsos perjudiciales y se identifica con las emociones negativas. En el supremo estado de sannyasa, se tiene la opción de identificarse con cada emoción y pensamiento concretos o bien desapegarse de ellos. Tienes la posibilidad de cooperar o no cooperar con cada pensamiento, emoción y situación dada. Incluso si decides identificarte, tienes la opción de alejarte y seguir adelante cuando lo desees. Es verdaderamente la libertad total.

Pregunta: ¿Qué significado tiene3 la ropa color ocre que llevan los sannyasin?

Amma: Indica la meta o el logro interno que deseas alcanzar. También significa que ya no estás interesado en los logros mundanos, y es una abierta declaración de que tu vida está dedicada a Dios y a la realización del Ser. Quiere decir que tu cuerpo y mente son consumidos por el fuego de vairagya [desapego] y que ya no perteneces a ninguna nación, casta, credo, secta o religión en particular. No obstante, sannyasa no es simplemente una cuestión de llevar ropa de un color.

La ropa no es más que un símbolo que indica un estado del ser, el estado de trascendencia. Sannyasa es un cambio interior en nuestra actitud hacia la vida y en la manera de percibirla. Careces por completo de ego. Ahora ya no te perteneces a ti mismo, sino al mundo, y tu vida se convierte en una ofrenda al servicio de la humanidad. En ese estado ya no esperas ni deseas nada de nadie. En el estado de auténtica sannyasa, eres más una presencia que una personalidad.

Durante la ceremonia, cuando el discípulo recibe sannyasa del Maestro, se corta la pequeña mata de pelo que siempre ha llevado detrás de la cabeza. Luego la ofrece junto con su cordón sagrado[3] al fuego del sacrificio. Es una forma simbólica de desechar todos los apegos al cuerpo, la mente y el intelecto, y también todos los placeres de aquí en adelante.

Se supone que los sannyasin tienen que llevar el pelo largo o completamente afeitado. Antiguamente se dejaban crecer grandes matas de pelo. Era una muestra de su desapego por el cuerpo. Ya no te interesa embellecer el cuerpo, porque la verdadera belleza reside en conocer al Atman. El cuerpo es cambiante y perecedero. ¿Qué sentido tiene apegarse innecesariamente a él cuando tu verdadera naturaleza es el Ser inmutable e inmortal?

El apego a lo transitorio es la causa de todas las penas y sufrimientos. Un sannyasin es quien ha alcanzado la comprensión de esta gran verdad: la naturaleza transitoria del mundo externo y la naturaleza inmutable de la cociencia, que confiere belleza y encanto a todas las cosas.

La auténtica sannyasa no es algo que pueda ser dado; es más bien una realización.

Pregunta: ¿Significa eso que es un logro?

Amma: Estás repitiendo la misma pregunta. Sannyasa es la culminación de toda la preparación previa conocida como sadhana [práctica espiritual].

Mira, sólo podemos lograr algo que no sea nuestro, algo que no forme parte de nosotros. El estado de sannyasa es el centro mismo de nuestra existencia, lo que realmente somos. Hasta que no te des cuenta de esto puedes llamarlo un logro, pero una vez que surge el verdadero conocimiento, llegas a comprender que ese estado eres realmente tú, que nunca te has alejado de él; que nunca podrías alejarte.

Esta capacidad para conocer lo que realmente somos reside en cada uno de nosotros. Vivimos en un estado de olvido. Alguien tiene que recordarnos este poder infinito de nuestro interior.

Por ejemplo, podemos encontrarnos con una persona que se gana la vida mendigando por la calle. Un día, un desconocido se acerca y le dice: -Eh, ¿qué estás haciendo aquí? Tú no eres un pordiosero ni un gitano vagabundo. Eres multimillonario.

El mendigo no cree lo que le dice el desconocido y se aleja sin hacerle ningún caso. Pero el desconocido sigue al mendigo y le insiste amorosamente: -Confía en mí, soy tu amigo y quiero ayudarte. Lo que te estoy diciendo es cierto. Efectivamente eres un hombre rico, y el tesoro que te pertenece está muy cerca de ti.

En ese momento se despierta la curiosidad del mendigo, así que pregunta: -¿Muy cerca de mí? ¿Dónde?

-En tu misma cabaña -le responde el extraño-. Basta con que excaves un poco para que sea tuyo para siempre.

Ahora el mendigo no quiere perder ni un minuto. Vuelve de inmediato a su cabaña y desentierra el tesoro.

El desconocido representa al Maestro Verdadero, que nos da la información correcta, nos convence, persuade e inspira para que desenterremos el inapreciable tesoro que está latente en nuestro interior. Vivimos en un estado de olvido. El Guru nos ayuda a saber quiénes somos realmente.

Sólo hay un dharma

Pregunta: ¿Hay muchos dharmas?

Amma: No, sólo hay un dharma.

Pregunta: Pero las personas hablan de diferentes dharmas

Amma: Se debe a que no ven la única realidad. Sólo ven la diversidad, el mundo de nombres y formas.

Sin embargo, dependiendo de los vasanas [tendencias] de cada persona, hay más de un dharma, por decirlo de algún modo. Por ejemplo, un músico puede decir que la música es su dharma. De igual modo, un ejecutivo puede decir que hacer negocios es su dharma. Y eso está bien. No obstante, no es posible encontrar completa satisfacción en nada de esto. El verdadero dharma es aquello que nos da absoluta satisfacción o contento. Se haga lo que se haga, a menos que uno esté contento consigo mismo, no nos dará la paz y persistirá el sentimiento de que "nos falta algo". Nada, ningún logro mundano, llenará este espacio vacío en la vida de una persona. Todos tendrán que encontrar su centro interior para que salga a la luz este sentimiento de satisfacción. Ese es el verdadero dharma. Hasta entonces, irán dando vueltas y más vueltas en busca de paz y alegría.

Pregunta: Si uno sigue indefectiblemente el dharma, ¿conseguirá tanto prosperidad material como crecimiento espiritual?

Amma: Sí, si uno sigue el dharma en su sentido más auténtico, eso sin duda le ayudará a conseguir ambas cosas.

Ravana, el rey demonio, tenía dos hermanos, Kumbhakarna y Vibhishana. Cuando Ravana secuestró a Sita, la sagrada consorte del Señor Rama, ambos hermanos advirtieron repetidamente a Ravana de las desastrosas consecuencias que aquel rapto podría tener y le aconsejaron que devolviera Sita a Rama. Él ignoró por completo todas estas peticiones y acabó por declararle la guerra a Rama. Aunque era consciente de la perversa actitud de su hermano mayor, Kumbhakarna finalmente cedió ante Ravana, debido al apego que sentía hacia él y a su amor por la raza de los demonios.

Vibhishana, en cambio, era una alma muy piadosa y devota. No fue capaz de aceptar las acciones adhármicas [carentes de rectitud] de su hermano, así que continuó expresándole su preocupación y trató de cambiar su actitud. No obstante, Ravana nunca aceptó, tuvo en cuenta ni escuchó siquiera sus opiniones. Al final, el tremendamente egoísta Ravana se enfadó tanto con su joven hermano que lo expulsó del país a causa de su insistencia. Vibhishana se refugió a los pies de Rama. En la guerra que siguió, Ravana y Kumbhakarna perecieron, y Sita fue rescatada. Antes de regresar a Ayodhya, la tierra de Rama, este coronó a Vibhishana rey de Lanka.

De los tres hermanos, Vibhishana fue el único que pudo crear un equilibrio entre sus dharmas mundanos y espirituales. ¿Cómo pudo hacerlo? Fue el resultado de atenerse a su visión espiritual incluso mientras cumplía con sus responsabilidades mundanas, y no al contrario. Esta forma de cumplir con las obligaciones mundanas nos llevará al estado de satisfacción suprema. Por el contrario, los otros dos hermanos, Ravana y Kumbhakarna, mantuvieron una visión mundana incluso mientras cumplían con su dharma espiritual.

La actitud de Vibhishana era altruista. No pidió a Rama que lo coronara rey. Sólo deseaba estar firmemente arraigado en el dharma. Pero su compromiso y determinación inquebrantables le confirieron todas las bendiciones. Consiguió prosperidad material y espiritual.

Pregunta: Amma, eso es muy bonito. Sin embargo, un verdadero aspirante espiritual no debería anhelar la prosperidad material, ¿no te parece?

Amma: Así es, el único dharma para un sincero aspirante es la iluminación. Sólo se sentirá satisfecho con esa experiencia, pues todo lo demás carece de valor para una persona así.

Pregunta: Amma, tengo otra pregunta. ¿Crees que hay Ravanas y Kumbhakarnas en el mundo actual? Si los hubiera, ¿les resultaría fácil a los Vibhishanas sobrevivir en esta sociedad?

Amma: (riendo) Hay un Ravana y un Kumbhakarna en cada persona. La diferencia sólo es de grado. Desde luego, también hay personas con cualidades extremadamente diabólicas como las que tenían Ravana y Kumbhakarna. De hecho, todo el caos y los conflictos que vemos en el mundo actual no son más que la suma total de ese tipo de mentes. Sin embargo, los auténticos Vibhishanas sobrevivirán, pues al ampararse en Rama, o Dios, Él los protege.

Pregunta: Pensaba que no iba a hacer más preguntas, pero me gustaría hacer otra más, si Amma me lo permite.

Amma: (en inglés) De acuerdo, pregunta.

Pregunta: Personalmente, ¿qué opinas de estos modernos Ravanas?

Amma: Ellos también son hijos de Amma.

La acción conjunta como Dharma

En este Kaliyuga [edad oscura del materialismo], la tendencia general de las personas de todo el mundo es la de separarse unos de otros. Viven aislados como islas, sin conexión interna. Esto es peligroso, pues incrementa la densidad de la oscuridad que nos rodea. Ya sea entre las personas o entre los seres humanos y la naturaleza, es el amor el que crea el puente, la conexión. La acción conjunta es la fuerza del mundo actual. Así que eso debería considerarse uno de los dharmas [obligaciones] predominantes de esta época.

La devoción y la conciencia

Pregunta: ¿Hay alguna relación entre conciencia y devoción?

Amma: La devoción pura es amor incondicional. El amor incondicional es entrega. La entrega total del ser supone estar totalmente abierto o ser expansivo. Esa apertura o expansión es la conciencia. Es verdaderamente la Divinidad.

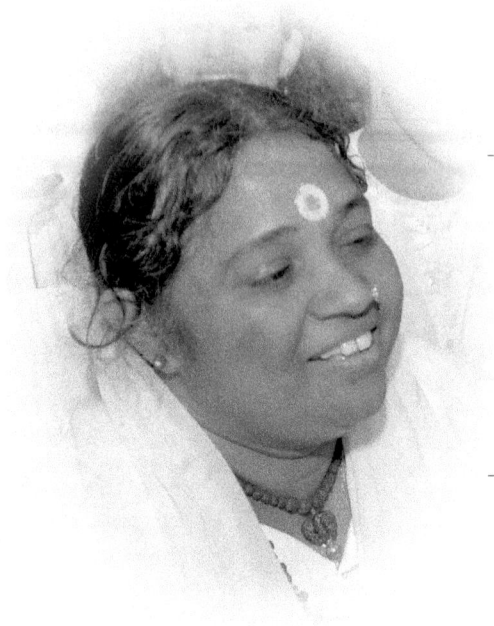

Ayudar a abrir el corazón cerrado del discípulo

Pregunta: Amma, Tú dices a tus devotos y discípulos que un Guru personal es muy necesario para alcanzar a Dios, pero Tú considerabas toda la Creación como Tu Guru. ¿Crees que los demás también tienen esa opción?

Amma: Por supuesto que la tienen. Pero en el camino espiritual las opciones no suelen funcionar.

Pregunta: Pero en tu caso funcionó, ¿no fue así?

Amma: En el caso de Amma no fue una opción. Más bien fue simplemente espontáneo.

Mira, hijo mío, Amma no obliga a nadie a hacer nada. Para los que tienen una fe inquebrantable para ver cada situación, tanto negativa como positiva, como un mensaje de Dios, no es necesario un Guru externo. Pero, ¿cuántos tienen esa determinación y esa fuerza?

El camino hacia Dios no es algo que pueda forzarse. Eso no funciona. Al contrario, forzarlo podría arruinar todo el proceso. En este camino, el Guru debe tener una paciencia inmensa con el discípulo. Igual que un capullo se abre en una flor hermosa y perfumada, el Guru ayuda a que el corazón cerrado del discípulo se abra por completo.

Los discípulos viven en la ignorancia y el Guru está despierto. Los discípulos no tienen ni idea de lo que es el Guru ni del plano desde el que actúa. Debido a su ignorancia, los discípulos pueden, a veces, volverse extremadamente impacientes. Como se sienten inclinados a juzgar, llegan incluso a encontrar faltas en el Guru. En esas circunstancias, sólo el amor incondicional y la compasión de un Maestro Perfecto pueden ayudar verdaderamente al discípulo.

El sentido del agradecimiento

Pregunta: ¿Qué significa estar agradecido al Maestro o a Dios?

Amma: Lo que nos ayuda a recibir la gracia de Dios es una actitud humilde, abierta y devota. Un Maestro Verdadero no tiene nada que ganar o perder. Establecido en el supremo estado de desapego, al Maestro no le afecta que te muestres agradecido o no. Sin embargo, la actitud de agradecimiento te permite ser receptivo a la gracia de Dios. El agradecimiento es una actitud interna. Dad siempre gracias a Dios, ya que es la mejor manera de salir del estrecho mundo creado por el cuerpo y la mente y de entrar en el expansivo mundo interior.

El poder que hay en el cuerpo

Pregunta: ¿Es diferente cada alma, puesto que tiene una existencia individual separada?

Amma: ¿Es diferente la electricidad que se manifiesta de distintas maneras en los ventiladores, las neveras, las televisiones y otros electrodomésticos?

Pregunta: No, pero, tras la muerte, ¿tienen las almas una existencia separada?

Amma: En función de su karma [las consecuencias de las acciones pasadas acumuladas] y de la suma de sus vasanas [tendencias], tendrán una existencia aparentemente separada.

Pregunta: ¿Tienen deseos nuestras almas individuales incluso en ese estado?

Amma: Sí, pero no pueden cumplirlos. Igual que alguien que está completamente paralizado es incapaz de levantarse y coger las cosas a su antojo, esas almas no son capaces de satisfacer sus deseos, pues no tienen cuerpo.

Pregunta: ¿Cuánto tiempo se quedan así?

Amma: Depende de la intensidad de su prarabdha karma [los resultados de acciones pasadas que se manifiestan en ese momento].

Pregunta: ¿Qué sucede cuando se agota el prarabdha karma?

Amma: Vuelven a nacer, y el ciclo continúa hasta que se dan cuenta de quiénes son realmente.

Dada nuestra identificación con el cuerpo y la mente, pensamos: "Yo soy el que hace, yo soy el que piensa", y así sucesivamente. En realidad, sin la presencia del Atman [Ser] no funcionarían ni el cuerpo ni la mente. ¿Puede funcionar una máquina sin electricidad? ¿Acaso no es la fuerza de la electricidad la que lo mueve todo? Sin ese poder, hasta una gigantesca máquina no sería más que un gran montón de hierro o de acero. Del mismo modo, con independencia de lo que seamos, la presencia del Atman es la que nos ayuda a hacerlo todo. Sin ella sólo seríamos materia muerta. Olvidar al Atman y dedicarse a adorar meramente el cuerpo es como ignorar la electricidad y enamorarse de la máquina.

Dos experiencias vitales

Pregunta: ¿Pueden los Maestros Perfectos elegir el momento y las circunstancias de su nacimiento y su muerte?

Amma: Sólo un ser perfecto tiene control total sobre esas situaciones. Todos los demás están completamente desamparados durante esas dos experiencias vitales. Nadie va a preguntarte dónde quieres nacer o qué o quién deseas ser. Del mismo modo, no recibirás ningún mensaje preguntándote si estás preparado para morir.

Tanto la persona que ha estado quejándose constantemente de su apartamento de una sola habitación, como la persona que ha disfrutado de su lujosa mansión, permanecerán silenciosos y cómodos en el reducido espacio de su ataúd cuando el Atman [el Ser] ya no esté. Aquel que no haya podido vivir ni un instante sin aire acondicionado, no tendrá ningún problema cuando su cuerpo se consuma en una pira funeraria. ¿Por qué? Porque en ese momento no son más que objetos inertes.

Pregunta: La muerte es una experiencia aterradora, ¿verdad?

Amma: Es aterradora para los que han vivido completamente identificados con el ego y no han pensado nunca en la realidad que está más allá del cuerpo y de la mente.

Tener en cuenta a los demás

U n devoto deseaba una breve explicación, sin complicaciones y fácil de comprender, de la espiritualidad.

Amma dijo: La espiritualidad es tener en cuenta a los demás compasivamente.

-Fantástico -dijo el hombre, y se levantó dispuesto a marcharse. De pronto Amma le tomó la mano, diciendo: -Siéntate.

El hombre obedeció. Abrazando al devoto que estaba recibiendo el darshan con una mano, Ama se inclinó hacia él y le preguntó en voz baja en inglés: -¿Historia?

El hombre estaba un tanto perplejo. -Amma, ¿quieres que te cuente una historia?

Amma se rió y respondió:-No, ¿quieres oír una historia?

El hombre, emocionado, respondió de inmediato: -Por supuesto que quiero oír una historia Tuya. Es una gran bendición.

Amma empezó a contar la historia:

-Un día, mientras un hombre dormía con su boca bien abierta, le entró una mosca. Desde aquel momento, el hombre siempre sentía a la mosca viviendo dentro de él.

"A medida que imaginaba más y más cosas sobre la mosca, el pobre hombre estaba cada vez más preocupado. Pronto su preocupación degeneró en intenso sufrimiento y depresión. No podía comer ni dormir. No había alegría en su vida. Sus pensamientos siempre estaban centrados en la mosca. Siempre se le veía persiguiendo a la mosca de una parte a otra de su cuerpo.

"Fue a visitar a médicos, psicólogos y psiquiatras y otras personas diversas para que lo ayudaran a deshacerse de la mosca. Todos le decían: -Mira, no pasa nada. No tienes una mosca dentro. Aunque hubiera estado volando, ya hace tiempo que habría muerto. Deja de preocuparte; estás perfectamente.

"Sin embargo, el hombre no creyó a ninguno de ellos y continuó sufriendo. Un día, un buen amigo le acompañó a ver a un Mahatma. Tras escuchar con gran atención la historia de la mosca, el Mahatma lo examinó y le dijo: -Tienes razón. Efectivamente tienes una mosca dentro. La veo moverse de un lado a otro.

"Mientras seguía mirando al interior de la boca abierta del paciente, el Maestro dijo: -¡Oh, Dios mío! ¡Miradla! Ha crecido mucho en estos meses.

"Nada más pronunciar el Mahatma aquellas palabras, el hombre se volvió hacia su amigo y su esposa y les dijo: -Ya lo veis, esos tontos no sabían nada. Este buen hombre me comprende. En un instante ha detectado la mosca.

"El Mahatma le dijo: -No te muevas nada, pues voy a tratar de sacarla y cualquier movimiento puede alterar todo el proceso. -Entonces cubrió al hombre de la cabeza a los pies con una gruesa manta-. Esto acelerará el proceso. Quiero que todo el cuerpo, e incluso por dentro, esté bien oscuro para que la mosca no sea capaz de ver nada. Así que ni siquiera abras los ojos.

"El hombre ya había desarrollado una confianza tan grande en el Mahatma que estaba dispuesto a hacer todo lo que dijera al cien por cien.

-Ahora relájate y quédate quieto. -Nada más decir estas palabras, el Mahatma fue a otra habitación con la intención de cazar una mosca viva. Al final, se las arregló para conseguir una y volvió con ella dentro de una botella.

"Empezó a mover con suavidad las manos por el cuerpo del paciente. Mientras lo hacía, el Mahatma iba comentando los movimientos de la mosca. Por ejemplo: -No te muevas ahora, la mosca está en tu estómago… Antes no podía hacer nada, pues se puso a volar y se quedó posada en tus pulmones. Ya casi la tengo

... ¡Oh, no, se ha vuelto a escapar!... ¡Qué rápida es!... Ahora está otra vez en el estómago... Bien, ahora voy a recitar un mantra para conseguir que la mosca se quede inmóvil.

"Entonces simuló que atrapaba la mosca y la sacaba del estómago del hombre. Pasados unos instantes, el Mahatma le pidió que abriera los ojos y se quitara la manta. Cuando lo hizo, el Mahatma le mostró la mosca que había cazado y puesto en la botella anteriormente.

"El hombre estaba contentísimo. Empezó a bailar. Le dijo a su mujer: -Te he dicho mil veces que tenía razón y que aquellos psicólogos eran unos tontos. Ahora mismo voy a ir a verlos. -¡Quiero que me devuelvan el dinero!

"En realidad no había ninguna mosca. La única diferencia es que el Mahatma tuvo en cuenta a ese hombre, y los demás no lo hicieron. Ellos le dijeron la verdad, pero no le ayudaron. Mientras que el Mahatma le apoyó, se solidarizó con él, le comprendió y le mostró auténtica compasión.. Esto le permitió al hombre superar su debilidad.

"El Mahatma tenía una comprensión más profunda del hombre, de su sufrimiento y su estado mental, así que descendió a su nivel. En cambio, los otros permanecieron en su propio nivel de comprensión y no tuvieron en cuenta al paciente".

Amma hizo una pausa y después continuó: -Hijo, este es todo el proceso de realización espiritual. El Maestro considera la mosca de la ignorancia del discípulo -el ego- como algo verdadero. Al tener en cuenta al discípulo y su ignorancia, el Maestro obtiene su completa cooperación. Sin esa cooperación del discípulo, el Maestro no puede hacer nada. Pero un discípulo verdaderamente curioso no tendrá ningún problema en cooperar con un Maestro Genuino, pues este tiene totalmente en cuenta al discípulo y sus flaquezas antes de ayudarle a despertar a la realidad. El verdadero trabajo de un Auténtico Maestro es conseguir que el discípulo llegue a ser también el maestro de todas las situaciones.

La matriz del amor

Pregunta: Hace poco he leído en un libro que todos tenemos una matriz espiritual. ¿Existe eso realmente?

Amma: Podría ser simplemente un ejemplo. No existe un órgano visible llamado "matriz espiritual". Quizás se refiera a la receptividad que deberíamos desarrollar para sentir y experimentar amor en nuestro interior. Dios ha proporcionado a cada mujer el don de una matriz en la que puede llevar, criar y alimentar un niño hasta su nacimiento. De forma parecida, deberíamos crear suficiente espacio interior para que el amor adquiera forma y se desarrolle. Nuestras meditaciones, oraciones y recitados de mantras nutrirán y alimentarán este amor, ayudando poco a poco a este hijo del amor a crecer y expandirse más allá de todas las limitaciones. El amor puro es shakti [energía] en su forma más pura.

¿Son especiales las personas espirituales?

Pregunta: Amma, ¿crees que la espiritualidad y las personas espirituales son especiales?

Amma: No.

Pregunta: ¿Entonces?

Amma: La espiritualidad es todo lo que nos permite llevar una vida completamente normal en sintonía con nuestro Ser Interior. Así que no hay nada especial en eso.

Pregunta: ¿Quieres decir que sólo la gente con inclinaciones espirituales lleva una vida normal?

Amma: ¿Acaso Amma ha dicho eso?

Pregunta: No directamente, pero Tu afirmación lo da a entender, ¿no?

Amma: Esa es tu interpretación de las palabras de Amma.

Pregunta: De acuerdo, pero ¿qué piensas de la mayoría de la gente, que vive en el mundo?

Amma: No la mayoría, ¿acaso no vivimos todos en el mundo?

Pregunta: Amma, por favor...

Amma: Mientras vivamos en el mundo, todos somos personas mundanas. Sin embargo, lo que te hace espiritual es tu forma de ver la vida y sus experiencias mientras vives en el mundo. Mira, hijo mío, todos piensan que llevan una vida normal. Cada individuo debería averiguar, por medio de la introspección adecuada, si lleva una vida normal o no. También deberíamos saber que la espiritualidad no es algo excepcional o extraordinario. La espiritualidad no es volverse especial, sino volverse humilde. También es muy importante comprender que el nacimiento humano en sí mismo es muy especial.

Sólo una parada temporal

Pregunta: ¿Por qué es tan importante el desapego en la vida espiritual?

Amma: No sólo los aspirantes espirituales, sino todos los que deseen incrementar su potencial y paz mental deben practicar el desapego. Estar desapegado significa convertirse en sakshi [observador] de todas las experiencias de la vida.

El apego carga la mente, mientras que el desapego la descarga. Cuanto más cargada tengas la mente, más tenso estarás y más desearás descargarla. En el mundo actual, la mente de las personas se ha ido llenando cada vez más de pensamientos negativos. Esto despertará de manera natural un fuerte impulso, una verdadera necesidad de desapego.

Pregunta: Amma, quiero realmente practicar el desapego, pero mi convicción siempre flaquea.

Amma: La convicción sólo llega con la conciencia. Cuanto más consciente seas, más convencido estarás. Hijo, considera el mundo como una parada temporal, algo más larga de lo habitual. Todos nosotros estamos viajando, y esto es otro lugar que visitamos. Mientras viajamos en tren o en autobús nos encontramos con muchos pasajeros, con los que quizás hablamos y compartimos nuestras opiniones sobre la vida y los asuntos mundanos. Al poco tiempo, puede que incluso desarrollemos un cierto apego por la persona que va sentada a nuestro lado. Sin embargo, cada uno de los pasajeros tendrá que apearse al llegar a su destino. Por tanto, cuando te encuentres con una persona o te sientes en un lugar, mantén la conciencia de que un día tendrás que partir. Si desarrollas esta conciencia y la acompañas con una actitud positiva, esta conciencia sin duda te guiará en todas las circunstancias de la vida.

Pregunta: Amma, ¿estás diciendo que deberíamos practicar el desapego mientras vivimos en el mundo?

Amma: (riendo) ¿En qué otra parte puedes aprender desapego, si no es mientras vives en el mundo? ¿Después de la muerte? En realidad, la práctica del desapego es la forma de superar el temor a la muerte. Te garantiza una muerte dichosa totalmente desprovista de dolor.

Pregunta: ¿Cómo es posible eso?

Amma: Porque cuando estás desapegado, sigues siendo un sakshi incluso de la experiencia de la muerte. El desapego es la actitud correcta, la percepción adecuada. Mientras vemos una película, si nos identificamos con los personajes y más tarde tratamos de imitarlos en nuestra vida, ¿estará bien o mal? Es necesario ver una película con la conciencia de que es sólo una película para disfrutarla realmente. El verdadero camino para la paz es llevar un modo de vida espiritual y tener pensamientos espirituales.

No te bañas en un río eternamente; te bañas y sales limpio y fresco. Del mismo modo, si estás interesado en llevar una vida espiritual, considera tu vida familiar un medio de agotar tus vasanas [tendencias]. En otras palabras, recuerda que estás viviendo una vida familiar no para estar cada vez más inmerso en ella, sino para agotar ese vasana y otros relacionados con él, y para llegar a liberarte del cautiverio de la acción. Tu objetivo debería ser la extinción de los vasanas negativos, no su acumulación.

Lo que oye la mente

Pregunta: Amma, ¿cómo definirías la "mente"?

Amma: Es un instrumento que nunca oye lo que se le dice, sino sólo lo que quiere oír. Te dicen una cosa y la mente oye otra. Luego, por el procedimiento de cortar, pegar y corregir, opera una transformación sobre lo que ha oído. En este proceso la mente elimina algunas cosas y añade otras al original, interpretándolo y alterándolo hasta que se ajusta a lo que te conviene. Luego te convences a ti mismo de que eso es lo que te han dicho.

Hay un joven que viene con sus padres al ashram. Un día, su madre le contó a Amma un interesante incidente que tuvo lugar en su casa. La madre le pidió a su hijo que se tomara más en serio los estudios, pues se acercaban los exámenes. Las prioridades del muchacho eran diferentes. Quería divertirse haciendo deporte y viendo películas. En la discusión que tuvo lugar entre ambos, el muchacho dijo: "Mamá, ¿no has oído que Amma insiste en Sus charlas en que vivamos en el presente? Por el amor de Dios, no entiendo por qué estás tan preocupada por los exámenes, que todavía no han llegado, cuando tengo otras cosas que hacer en el presente". Eso era lo que el muchacho había oído.

El amor y la ausencia de temor

Para ilustrar cómo el amor aleja todo temor, Amma contó la siguiente historia.

Amma: Hace tiempo, había un rey que gobernaba un estado de la India y vivía en una fortaleza en la cima de una montaña. Cada día una mujer venía al fuerte a vender leche. Llegaba a la fortaleza a las seis de la mañana y salía de ella antes de las seis de la tarde. A las seis en punto se cerraban las grandes puertas de entrada del fuerte, y nadie podía entrar o salir hasta que se abrían de nuevo a la mañana siguiente.

Cada mañana, cuando los guardias abrían las enormes puertas de acero, la mujer ya estaba allí con un cubo de leche sobre la cabeza.

Una tarde, cuando la mujer llegó a la salida, pasaban unos segundos de las seis y acababan de cerrarse las puertas. Tenía un niño pequeño en casa que estaría esperando su regreso. La mujer se postró a los pies de los guardas y les suplicó que la dejaran salir. Con lágrimas en los ojos les dijo: "Por favor, tened piedad. Mi pequeño no comerá ni dormirá si no estoy con él. Pobrecillo, se pasará la noche llorando al no ver a su madre. ¡Por favor, dejadme salir!" A pesar de eso, los guardias no se inmutaron, pues no podían incumplir las órdenes.

La mujer recorrió toda la fortaleza presa del pánico, intentando desesperadamente encontrar un lugar por donde salir. No podía soportar la idea de que su inocente niño esperara en vano y ansiosamente su regreso.

La fortaleza estaba rodeada de montañas rocosas, bosques repletos de zarzas, enredaderas y plantas venenosas. Cuando anocheció, la madre lechera se inquietó más y aumentó su determinación de estar con su hijo. Recorrió el recinto buscando un lugar por el que pudiera trepar y llegar de algún modo a su hogar. Finalmente, localizó un lugar que parecía comparativamente menos abrupto y profundo. Tras esconder el cubo de leche en un arbusto, empezó a descender cautelosamente la montaña. Al hacerlo, se cortó y golpeó muchas partes de su cuerpo. Sin prestar atención a todas estas adversidades, el pensar en su hijo la empujaba a seguir. Al final, consiguió su objetivo y llegó al pie de la montaña. La lechera corrió hasta su casa y pasó la noche felizmente con su hijo.

A la mañana siguiente, cuando los guardias abrieron las puertas de la fortaleza, se quedaron atónitos al ver a la mujer que no había podido salir la tarde anterior aguardando en la puerta para entrar.

Pensaron: "Si una simple lechera es capaz de descender la montaña desde nuestra invencible fortaleza, debe haber algún lugar por el que nuestros enemigos puedan acceder a ella y atacarnos". Dándose cuenta de la gravedad de la situación, los guardas arrestaron inmediatamente a la mujer y la llevaron ante el rey.

El rey era una persona de gran comprensión y madurez. Su sabiduría, valor y nobleza eran alabados por la gente de aquel país. Recibió a la lechera con gran cortesía. Uniendo sus palmas en señal de saludo, le dijo: "Oh madre, si mis guardias dicen la verdad y anoche escapaste de aquí, ¿tendrías la amabilidad de enseñarme el lugar desde el que conseguiste bajar la montaña?"

La lechera guió al rey, a sus ministros y a los guardias al lugar exacto. Una vez allí recuperó el cubo de leche que había escondido en el arbusto la noche anterior y se lo enseñó al rey.

Al ver la abrupta montaña, el rey le preguntó: -Madre, ¿podrías explicarnos cómo te las apañaste para descender por aquí anoche?

La lechera miró la impresionante y escarpada pared de la montaña y tembló de miedo. -¡No, no puedo! –exclamó.

-Entonces, ¿cómo lo hiciste anoche? - preguntó el rey.

-No lo sé - respondió.

-Pero yo lo sé –dijo el rey con dulzura-. El amor por tu hijo te dio la fuerza y la valentía para hacer lo imposible.

En el verdadero amor, uno va más allá del cuerpo, de la mente y de todos los temores. El poder del amor puro es infinito. Ese amor lo abarca y lo impregna todo. En ese amor se puede experimentar la unidad del Ser. El amor es el aliento del alma. Nadie va a decir: "Sólo voy a respirar en presencia de mi esposa, mis hijos, mis amigos y familiares. No puedo respirar en presencia de mis enemigos, de los que me odian o me maltratan". Entonces no puedes estar vivo; te morirías. Del mismo modo, el amor es una presencia más allá de todas las diferencias. Está presente en todas partes. Es nuestra fuerza vital.

El amor inocente y puro lo hace todo posible. Cuando tu corazón está lleno de la energía pura del amor, hasta la tarea más imposible es tan fácil como coger una flor.

¿Por qué hay guerras?

Pregunta: Amma, ¿por qué hay tanta guerra y violencia?

Amma: Debido a la falta de comprensión.

Pregunta: ¿Qué es la falta de comprensión?

Amma: La ausencia de compasión.

Pregunta: ¿Están relacionadas la comprensión y la compasión?

Amma: Sí; cuando surge la verdadera comprensión, aprendes a tener verdaderamente en cuenta a la otra persona, pasando por alto sus debilidades. A partir de ahí se desarrolla el amor. A medida que el amor puro surge en nuestro interior, también lo hace la compasión.

Pregunta: Amma, te he oído decir que el ego es la causa de la guerra y los conflictos.

Amma: Así es. El ego inmaduro y la falta de comprensión son casi lo mismo. Utilizamos muchas palabras diferentes, pero básicamente todas significan lo mismo.

Cuando los seres humanos pierden el contacto con su Ser Interior y se identifican más con el ego, sólo puede haber guerra y violencia. Eso es lo que sucede en el mundo actual.

Pregunta: Amma, ¿quieres decir que se da demasiada importancia al mundo exterior?

Amma: La civilización [las comodidades externas y el desarrollo] y el samskara [practicar enriqueciendo los pensamientos y cualidades] supuestamente van de la mano. Pero, ¿qué vemos en nuestra sociedad? Que los valores espirituales degeneran rápidamente ¿no es así? Los conflictos y las guerras son el nivel más bajo de la existencia, y el más elevado es el samskara.

La mejor manera de describir la situación del mundo actual es con el siguiente ejemplo: imagina una carretera muy estrecha. Dos conductores frenan de golpe cuando sus coches se encuentran de frente. A menos que uno de ellos retroceda y ceda el paso al otro, no pueden moverse. Sin embargo, los dos conductores se quedan firmemente sentados en sus coches y se obstinan en no moverse ni un centímetro. La situación se puede resolver si uno de ellos se muestra humilde y está dispuesto a ceder ante el otro. Entonces los dos podrán llegar fácilmente a su destino. El que cede también puede sentirse feliz al saber que gracias a él la otra persona ha podido seguir adelante.

¿Cómo podemos hacer feliz a Amma?

Pregunta: Amma, ¿cómo puedo servirte?

Amma: Sirviendo a los demás desinteresadamente.

Pregunta: ¿Qué puedo hacer para que Te sientas feliz?

Amma: Ayuda a los demás a sentirse felices. Eso hace que Amma se sienta feliz de verdad.

Pregunta: Amma, ¿no quieres nada de mí?

Amma: Sí, Amma quiere que seas feliz.

Pregunta: Amma, eres tan hermosa.

Amma: Pero esa belleza también está en ti. Sólo tienes que encontrarla.

Pregunta: Te quiero, Amma.

Amma: Hija, en realidad tú y Amma no son dos, sino una. Así que sólo hay amor.

El verdadero problema

Pregunta: Amma, dices que todo es Uno, pero yo lo veo todo separado. ¿Por qué es así?

Amma: Ver las cosas separadas o distintas no es un problema. El auténtico problema es no ser capaz de observar la Unidad tras esa diversidad. Esa es la percepción errónea, que es una verdadera limitación. Tienes que corregir tu modo de observar el mundo y lo que sucede a tu alrededor. Después, todo cambiará automáticamente.

Al igual que nuestra visión necesita corregirse cuando se debilitan nuestros ojos externos -por ejemplo, cuando empezamos a ver los objetos dobles- el ojo interior también necesita correcciones, siguiendo las instrucciones de alguien establecido en la experiencia de esa Unidad, de un Satguru [Maestro Auténtico].

No hay nada de malo en el mundo

Pregunta: ¿Qué tiene de malo el mundo? Las cosas no van muy bien. ¿Podemos hacer algo?

Amma: El problema no está en el mundo sino en la mente humana, en el ego. El ego incontrolado es el que hace el mundo problemático. Un poco más de comprensión y de compasión pueden provocar grandes cambios..

El ego gobierna el mundo. Las personas son víctimas indefensas de su ego. Es difícil encontrar personas sensibles que tengan un corazón compasivo. Trata de buscar tu armonía interior, la bella canción de la vida y el amor de tu interior. Sirve a los que sufren. Aprende a poner a los demás por delante de ti. Pero en nombre del amor y el servicio a los demás, no te enamores de tu propio ego. Conserva el ego, pero sé el amo de tu mente y tu ego. Ten en cuenta a todo el mundo, porque esa es la manera de acceder a Dios y a tu propio Ser.

¿Por qué seguir el camino espiritual?

Pregunta: ¿Por qué debemos seguir el camino espiritual?

Amma: Es como si la semilla preguntara: "¿Por qué debo meterme debajo de la tierra, para germinar y crecer hacia arriba?"

El control de la energía espiritual

Pregunta: Un pequeño número de personas pierde la razón tras realizar prácticas espirituales. ¿Por qué ocurre esto?

Amma: Las prácticas espirituales preparan el cuerpo y la mente para contener la shakti [energía] universal. Abren la puerta a la conciencia más elevada en tu interior. En otras palabras, se ocupan directamente de la pura shakti. Si no se va con cuidado, pueden producir problemas mentales y físicos. Por ejemplo, la luz nos ayuda a ver, pero demasiada luz nos hará daño en los ojos. De igual modo, la shakti, o dicha, es sumamente benéfica. Sin embargo, si no sabes cómo manejarla adecuadamente, puede ser peligrosa. Sólo la guía de un Satguru [Maestro Auténtico] puede ayudarte de verdad.

La queja y la compasión en un corazón inocente

Un *niño fue corriendo hasta Amma y le mostró su mano derecha. Amma sostuvo cariñosamente uno de sus dedos y le preguntó en inglés: "Qué pasa, pequeño?" Él se volvió y dijo: "Allí…"*

Amma: (en inglés) Allí, ¿qué?

Niño: Papá…

Amma: (en inglés) Papá, ¿qué?

Niño: (señalando la palma de su mano) Papá sentado aquí.

Amma: (abrazando al niño fuertemente y hablando en inglés) Amma llama a papá.

En ese momento el padre se acercó a Amma. Le contó que aquella mañana se había sentado accidentalmente sobre la mano del niño. Había sucedido en casa, y el niño intentaba explicárselo a Amma.

Manteniendo al niño junto a ella, Amma le explicó: "Mira, pequeño, Amma va a darle su merecido a tu papá, ¿de acuerdo?"

El pequeño asintió. Amma actuó como si estuviera pegando al padre, y éste simuló llorar. De pronto, el niño cogió la mano de Amma y le dijo: "Basta".

Abrazando al niño más fuerte, Amma se echó a reír. Los devotos también se unieron a las risas.

Amma: Mira cómo quiere a su padre. No quiere que nadie le haga daño.

Igual que este niño, que ha venido y le ha abierto su corazón a Amma sin ninguna clase de reservas, vosotros también, hijos míos, deberíais aprender a desahogar vuestros corazones con Dios. Aunque Amma solo simulaba pegar a su padre, para el niño era real. No quería que su padre se sintiera mal. De igual modo, hijos, comprended el dolor de los demás y sed compasivos con todos.

Despertando al discípulo que sueña

Pregunta: ¿Cómo ayuda el Guru al discípulo a trascender el ego?

Amma: Creando las situaciones necesarias. De hecho, es la compasión del Satguru [Maestro Auténtico] la que ayuda al discípulo.

Pregunta: Entonces, ¿qué es lo que ayuda realmente al discípulo? ¿Las situaciones o la compasión del Guru?

Amma: Las situaciones aparecen como resultado de la infinita compasión del Satguru.

Pregunta: ¿Son estas situaciones normales o especiales?

Amma: Serán situaciones normales. Sin embargo, también son especiales porque son otra forma de bendición del Satguru para la elevación espiritual del discípulo.

Pregunta: ¿Se produce algún conflicto entre el Guru y el discípulo durante el proceso de eliminación del ego?

Amma: La mente forcejeará y protestará porque desea permanecer dormida y continuar soñando. No quiere que la molesten. Sin embargo, un Maestro Verdadero no deja que el discípulo siga durmiendo. La única meta del Satguru es despertar al discípulo. Así se produce una aparente contradicción. Sin embargo, un verdadero discípulo dotado de shraddha [fe devocional] utilizará su capacidad de discernimiento para superar esos conflictos internos.

La obediencia al Guru

Pregunta: La obediencia perfecta al Guru, ¿conducirá, al final, a la muerte del ego?

Amma: Sí. En el Kathopanishad, el Satguru [Maestro Verdadero] está representado por Yama, el Señor de la Muerte. Esto es porque el Guru simboliza la muerte del ego del discípulo, lo que sólo puede suceder con la ayuda de un Satguru.

La obediencia al Satguru procede del amor del discípulo por el Guru. El discípulo se sentirá tremendamente inspirado por el sacrificio y la compasión del Maestro. Conmovido por esta naturaleza del Guru, el discípulo se mostrará abierto y obediente a su Guru de forma espontánea.

Pregunta: Se necesita un valor extraordinario para afrontar la muerte del ego, ¿verdad?

Amma: Ciertamente, por eso muy pocos son capaces de hacerlo. Dejar morir al ego es como llamar a la puerta de la muerte. Eso fue lo que hizo Nachiketas, el joven buscador del Kathopanishad. Pero si tienes el valor y la determinación de llamar a la puerta de la muerte, descubrirás que no hay muerte. Porque hasta la muerte, o la muerte del ego, es una ilusión.

El horizonte está aquí

Pregunta: ¿Dónde está escondido el Ser?

Amma: Es como si preguntáramos: ¿Dónde estoy escondido? No estás escondido en ninguna parte. Estás dentro de ti. Del mismo modo, el Ser también está dentro y fuera de ti.

Desde la orilla del mar, parece como si el horizonte y el mar se encontraran en un punto. Imaginemos que hay una isla ahí, parece que sus árboles están tocando el cielo. Pero si fuéramos allí, ¿encontraríamos la línea del horizonte en ese lugar? No, al contrario, esa línea también se ha alejado. Ahora estará en otro lugar. En realidad, ¿dónde está el horizonte? El horizonte está aquí mismo, donde estamos ahora, ¿no os parece? De igual modo, lo que estáis buscando está aquí mismo. Pero mientras sigamos hipnotizados por el cuerpo y la mente, seguirá alejado.

En cuanto al conocimiento supremo, eres como un mendigo. Cuando aparece el Maestro Verdadero, te dice: "Mira, el universo entero te pertenece. Tira el platillo de las limosnas y busca el tesoro escondido en tu interior."

Tu ignorancia de la realidad te hace decir rotundamente: "Estás diciendo tonterías. Soy un pordiosero y quiero continuar pidiendo el resto de mi vida. Por favor, déjame en paz." Sin embargo, un Satguru [Maestro Verdadero] no te abandonará así. El Satguru te recordará una y otra vez lo mismo hasta que estés convencido y empieces a buscar.

En resumen, el Satguru nos ayuda a darnos cuenta del estado mendicante de la mente, nos insta a tirar el platillo de las limosnas y nos ayuda a convertirnos en dueños del universo.

La fe y el rosario

Durante un Devi Bhava en San Ramón, California, me disponía a cantar bhajans [canciones devocionales] cuando se me acercó una mujer con lágrimas en los ojos.

Me dijo: -He perdido algo que tiene un gran valor sentimental para mí.

La mujer parecía desesperada. Me explicó lo que había ocurrido: -Me he quedado dormida en el balcón interior del templo con el rosario que me regaló mi abuela. Cuando me desperté, había desaparecido. Me lo han robado. Tenía un valor inestimable para mí. Oh, Dios mío, ¿que voy a hacer?- Empezó a llorar.

Le pregunté: -¿Ha buscado en objetos perdidos?

-Sí, pero no estaba allí -me dijo.

Le dije: "No llore, por favor. Vamos a anunciarlo por megafonía. Si alguien lo ha encontrado o lo ha cogido por equivocación, puede que lo traiga si explica el gran valor que tiene para usted.

Cuando estaba a punto de acompañarla hasta el equipo de megafonía, dijo: -¿Cómo me ha podido pasar esto en una noche de Devi Bhava, cuando he venido para recibir el darshan de Amma?

Al oírle decir aquello, me salieron espontáneamente estas palabras: -Mire, no ha estado lo bastante atenta. Por eso ha perdido el rosario. ¿Por qué se durmió con el rosario en las manos si era tan valioso para usted? Hay distintas clases de personas congregadas aquí esta noche. Amma no rechaza a nadie; deja que todos participen y sean felices. Tenía que haber tenido más cuidado con su rosario. Está culpando a Amma de su pérdida, en lugar de asumir la responsabilidad de su descuido.

La mujer no estaba convencida. Dijo: -Mi fe en Amma se ha debilitado.

Entonces le pregunté: -¿Es que tenía alguna fe que perder? Si tuviera verdadera fe, ¿cómo podría perderla?

Ella no dijo nada, así que la guié hasta el equipo de megafonía y ella misma hizo el anuncio.

Un par de horas después, cuando acabé de cantar los bhajans, me encontré con la mujer en la entrada principal de la sala. Estaba esperando para verme. Me contó que había encontrado el rosario. Alguien lo había visto en el balcón y lo había cogido, creyendo que era un regalo que le enviaba Amma. Pero cuando oyó el anuncio lo devolvió.

La mujer dijo: -Gracias por su sugerencia.

Le respondí: -Agradézcaselo a Amma, porque ha sido tan compasiva que no ha querido que perdiera la fe. - Antes de despedirme, le expliqué-: Aunque aquí hay diferentes clases de personas, todas aman a Amma; de otro modo no habría vuelto a ver el rosario.

El amor y la entrega

Pregunta: Amma, ¿qué diferencia hay entre el amor y la entrega?

Amma: El amor es condicional. La entrega es incondicional.

Pregunta: ¿Qué significa eso?

Amma: En el amor, hay amante y amado, discípulo y Maestro, devoto y Dios. Pero en la entrega desaparecen los dos. Sólo está el Maestro, sólo está Dios.

La conciencia y la atención

Pregunta: ¿Es la conciencia lo mismo que shraddha [amor y fe]?

Amma: Sí, cuanta más shraddha tengas, más consciente serás. La falta de conciencia crea obstáculos en el camino hacia la libertad eterna. Es como conducir a través de la niebla. No podrás ver nada con claridad. También es peligroso, pues en cualquier momento puede ocurrir un accidente. Por otra parte, las acciones que se hacen con conciencia te ayudan a realizar tu divinidad innata. Te ayudan a aumentar la claridad a cada instante.

La fe lo simplifica todo

Pregunta: ¿Por qué es tan difícil alcanzar la realización del Ser?

Amma: En realidad, la realización del Ser es fácil, pues el Atman [Ser] es lo más cercano a nosotros. La mente es la que lo hace difícil.

Pregunta: Pero no es así como la describen en las escrituras y los Grandes Maestros. Los medios y los métodos son muy rigurosos.

Amma: Las escrituras y los Grandes Maestros siempre intentan simplificarla. No dejan de recordarnos que el Ser, o Dios, es nuestra verdadera naturaleza, lo que quiere decir que no está lejos. Es tu verdadero ser, tu rostro original. Pero necesitas fe para absorber esta verdad. La falta de fe hace el camino riguroso, y la fe lo simplifica. Dile a un niño: "Eres un rey", y en menos de un segundo el niño se identificará con eso y actuará como un rey. ¿Acaso tienen los adultos esa fe? No, no la tienen. Por tanto, para ellos es difícil.

Centrarse en la meta

Pregunta: Amma, ¿cómo puede uno realzar su viaje espiritual?

Amma: Por medio de una sadhana [práctica espiritual] sincera y centrándose en la meta. Recuerda siempre que tu existencia física en este mundo está destinada a alcanzar logros espirituales. Deberías pensar y vivir de tal forma que te ayude a progresar en el camino.

Pregunta: ¿Centrarse en la meta equivale a tener desapego?

Amma: El desapego aparece automáticamente en aquel que se centra en la meta. Por ejemplo, si viajas a otra ciudad en la que tienes que resolver un asunto urgente, tu mente se centrará constantemente en tu objetivo, ¿verdad? Puede que veas un hermoso parque y un lago, un buen restaurante, un malabarista que juega con quince bolas y cosas parecidas, pero ¿te sentirás atraído por alguna de ellas? No. Tu mente estará desapegada de todo esto y apegada a tu destino. De la misma manera, si nos centramos realmente en la Meta el desapego ocurre automáticamente.

La acción y la esclavitud

Pregunta: Algunos creen que la acción crea obstáculos en el camino espiritual, y que por lo tanto es aconsejable evitarla. ¿Es correcta esta idea?

Amma: Esa probablemente sea la definición de alguien perezoso. El karma [acción] en sí mismo no es peligroso. Sin embargo, cuando no va acompañado de la compasión, cuando se utiliza para la gratificación personal y sólo para satisfacer segundas intenciones, se vuelve peligroso. Por ejemplo, durante una operación quirúrgica un médico debe estar totalmente despierto y también tener una actitud compasiva. En cambio, si el o la médico está dándole vueltas a sus problemas familiares, su nivel de conciencia disminuye. Esto podría incluso poner en peligro la vida del paciente. Ese karma es adharma [acción incorrecta]. Por otra parte, la sensación de contento que tiene el médico tras una operación exitosa puede ayudarle a elevarse más, siempre que él o ella la encauce adecuadamente. En otras palabras, cuando el karma se lleva a cabo con el impulso de la conciencia y la compasión, acelera nuestro viaje espiritual. Por el contrario, cuando se hacen las cosas con poca conciencia o falta de compasión, se vuelve peligroso.

Para desarrollar el discernimiento

Pregunta: Amma, ¿cómo se desarrolla el discernimiento?

Amma: Por medio de la acción contemplativa.

Pregunta: ¿Una mente capaz de discernir es una mente madura?

Amma: Sí, una mente espiritualmente madura.

Pregunta: ¿Una mente así tendrá más aptitudes?

Amma: Sí, tendrá más aptitudes y comprensión.

Pregunta: ¿Qué tipo de comprensión?

Amma: Comprensión de todo, de cada situación y experiencia.

Pregunta: ¿Te refieres también a las situaciones negativas y dolorosas?

Amma: Sí, a todo. Incluso las experiencias dolorosas, cuando se comprenden profundamente, tienen un efecto positivo en nuestra vida. Detrás de cada experiencia, tanto si es buena como mala, hay un mensaje espiritual. Así, observarlo todo desde fuera es materialismo, y observarlo desde dentro es espiritualidad.

El salto final

Pregunta: Amma, ¿es cierto que en la vida de un aspirante espiritual llega un momento en el que sólo necesita esperar?

Amma: Sí. Tras realizar prácticas espirituales durante largo tiempo, lo que significa después de dedicarle todo el esfuerzo necesario, llegará a un punto en el que el sadhak [aspirante espiritual] tiene que dejar toda sadhana [prácticas espirituales] y esperar pacientemente a que llegue la realización.

Pregunta: ¿Puede el o la aspirante dar ese salto por sí solo cuando llega a ese punto?

Amma: No. De hecho, se trata de un momento crucial, en el que el sadhak necesita una ayuda inmensa.

Pregunta: ¿Facilitará esa ayuda el Guru?

Amma: Sí, sólo la gracia del Satguru [Maestro Verdadero] puede ayudar al sadhak en ese momento. Es entonces cuando el sadhak necesita una paciencia absoluta. Porque el sadhak ha hecho cuanto ha podido; ha puesto todo su esfuerzo en ello. Ahora, el sadhak está incapacitado. No sabe cómo dar el último paso. Puede que incluso se sienta confuso en ese momento y vuelva al mundo, pensando que no existe tal estado de realización del Ser. Sólo la presencia y la gracia del Satguru le darán la inspiración y le ayudarán a trascender ese estado.

El momento más feliz
de la vida de Amma

Pregunta: Amma, ¿cuál es el momento más feliz de tu vida?

Amma: Cada momento.

Pregunta: ¿Qué quieres decir?

Amma: Lo que Amma quiere decir es que está constantemente feliz, porque en lo que respecta a Amma sólo hay puro amor.

Amma no habló por algún tiempo y siguió con el darshan. Entonces un devoto trajo una imagen de la diosa Kali danzando sobre el pecho de Shiva para que Amma la bendijera. Amma le enseñó la imagen al devoto que estaba en la fila de preguntas.

Amma: Mira esta imagen. Aunque Kali parece feroz, se encuentra llena de dicha. ¿Sabes por qué? Porque ha cortado la cabeza, el ego, de su amado discípulo. La cabeza se considera la residencia del ego. Kali está celebrando el precioso momento en el que su discípulo ha transcendido completamente el ego. Un alma más que ha pasado largo tiempo vagando en la oscuridad ha sido liberada de las garras de maya [ilusión].

Cuando una persona alcanza la salvación, la kundalini shakti [energía espiritual] de toda la Creación se alza y se despierta. A partir de ese momento, esa persona lo ve todo como divino. De ese modo, se ha puesto en marcha una celebración eterna. Así que Kali está bailando en éxtasis.

Pregunta: ¿Quieres decir que también para Ti el momento más feliz es cuando Tus hijos son capaces de ir más allá del ego?

Una radiante sonrisa iluminó el rostro de Amma.

El regalo más grande que nos da Amma

Un devoto anciano que tenía un cáncer avanzado se acercó a recibir el darshan de Amma. Sabiendo que iba a morir muy pronto, el hombre dijo: "Adiós, Amma. Muchísimas gracias por todo lo que me has dado. Has derramado puro amor sobre este hijo y me has mostrado el camino durante este doloroso periodo. Sin ti, hace tiempo que me habría hundido. Mantén siempre este alma cerca de Ti". Tras estas palabras, el devoto cogió la mano de Amma y la puso sobre su pecho.

Luego empezó a sollozar, cubriéndose el rostro con las manos. Amma lo apoyó afectuosamente sobre Su hombro, mientras se secaba las lágrimas que corrían por Sus propias mejillas.

Levantando la cabeza del devoto de Su hombro, Amma le miró profundamente a los ojos. Él dejó de llorar. Incluso parecía fuerte y alegre. Dijo: "Amma, con todo el amor que tú me has dado, tu hijo no está triste. Mi única preocupación es si permaneceré o no en Tu regazo después de la muerte. Por eso lloraba. Por lo demás, estoy bien".

Mirándole profundamente a los ojos con amor e interés, Amma le dijo con suavidad: "No te preocupes, hijo mío. Amma te asegura que permanecerás eternamente en Su regazo".

El rostro del hombre se iluminó de pronto con una alegría inmensa. Parecía lleno de paz. Con los ojos todavía húmedos, Amma le observó en silencio mientras el hombre se alejaba.

El amor da la vida a todo

Pregunta: Amma, si la conciencia está en todo, ¿los objetos inertes también tienen conciencia?

Amma: Tienen una conciencia que tú no puedes sentir o entender.

Pregunta: ¿Cómo podemos comprenderlo?

Amma: A través del puro amor. El amor da vida y conciencia a todo.

Pregunta: Yo siento amor, pero no veo que todo viva y sea consciente.

Amma: Eso significa que hay algo que no está bien en tu amor.

Pregunta: Amor es amor. ¿Cómo puede haber algo que no está bien en el amor?

Amma: El verdadero amor es lo que nos ayuda a experimentar la vida y la fuerza de la vida en todo. Si tu amor no es capaz de ver esto, ese amor no es amor verdadero. Es un amor ilusorio.

Pregunta: Pero eso es algo muy difícil de entender y practicar, ¿no te parece?

Amma: No, no lo es.

El devoto se quedó en silencio, con cara de sentirse desconcertado.

Amma: No es tan difícil como crees. En realidad, casi todo el mundo lo hace. Sin embargo, no son conscientes de ello.

En ese momento, una de las devotas trajo a su gata para que Amma la bendijera. Amma dejó de hablar durante un rato. Sostuvo afectuosamente a la gata unos momentos y la acarició. Después le aplicó pasta de sándalo en la frente y le dio un bombón.

Amma: ¿Chico o chica?

Pregunta: Chica.

Amma: ¿Cómo se llama?

Pregunta: Rosa... (con gran preocupación) No se encuentra bien desde hace dos días. Por favor, Amma, bendícela para que se recupere rápidamente. Ella es mi compañera y amiga más fiel.

Mientras la mujer decía estas palabras, asomaron algunas lágrimas en sus ojos. Amma frotó cariñosamente con ceniza sagrada el lomo de la gata y se la devolvió a la devota, la cual se marchó feliz de la presencia de Amma.

Amma: Para esta hija, su gata no es una entre un millón de gatos; su gata es única. Para ella es casi como un ser humano. Considera que su "Rosa" tiene una individualidad en sí misma. ¿Por qué? Porque siente un gran amor por la gata. Está tremendamente identificada con ella.

La gente hace esto en todo el mundo ¿verdad? Todos ponen nombres a sus gatos, perros, loros, y a veces incluso a los árboles. Una vez que los nombran y los hacen suyos, para esa persona en particular, el animal, el pájaro o la planta se convierte en un ser concreto y diferente del resto de su especie. De repente asume la posición de algo más que una mera criatura. Esa identificación individual con ese ser le da una nueva vida.

Observa a los niños pequeños. Para ellos una muñeca se convierte en un ser vivo y consciente. Conversan con la muñeca, la alimentan y duermen con ella. ¿Qué es lo que da vida a la muñeca? El amor que siente el niño por ella, ¿verdad? El amor puede transformar un simple objeto en algo vivo y consciente.

Ahora dile a Amma ¿es difícil ese amor?

Una gran lección sobre el perdón

Pregunta: Amma, ¿tienes algo que decirme?, ¿algún consejo en este momento de mi vida?

Amma: (sonriendo) Ten paciencia.

Pregunta: ¿Sólo eso?

Amma: Eso ya es mucho.

El devoto había dado media vuelta y se había alejado unos pasos cuando Amma le dijo en voz alta: "…y perdona también."

Al oír las palabras de Amma, el hombre se volvió y preguntó: "¿Estás hablándome a mí?"

Amma: Sí, a ti.

El hombre volvió junto al sillón de Amma.

Pregunta: Estoy seguro de que has querido indicarme algo, porque así me ha ocurrido siempre en el pasado. Por favor, Amma, dime claramente a qué Te refieres.

Amma continuó dando darshan mientras el hombre esperaba oír algo más. Durante un buen rato Amma no dijo nada.

Amma: Tiene que haber algo, algún incidente o situación que de pronto ha aparecido en tu mente. De otro modo, ¿por qué ibas a reaccionar tan rápidamente cuando has oído a Amma decir "perdón"? Hijo, no reaccionaste igual cuando Amma te dijo "ten paciencia". Lo aceptaste y empezaste a alejarte ¿verdad? Así que hay algo que te está afectando de verdad.

Al oír las palabras de Amma, el hombre se quedó en silencio y cabizbajo durante un rato. De pronto empezó a sollozar, tapándose el rostro con las manos. Amma no pudo soportar ver llorar a su hijo. Cariñosamente le enjugó las lágrimas y le frotó el pecho.

Amma: No te preocupes hijo, Amma está contigo.

Pregunta: (sollozando) Tienes razón. Soy incapaz de perdonar a mi hijo. No le hablo desde hace un año. Estoy muy herido y muy enfadado con él. Amma, por favor, ayúdame.

Amma: (mirando compasivamente al devoto) Amma te comprende.

Pregunta: Hace un año, mi hijo llegó a casa totalmente drogado. Cuando le reproché su comportamiento, se puso violento y empezó a gritarme, y luego empezó a romper platos y a destrozar cosas. Perdí completamente la paciencia y lo eché de casa. Desde entonces no lo he visto ni he hablado con él.

El hombre se parecía verdaderamente desdichado.

Amma: Amma ve tu corazón. Cualquiera podría haber perdido la paciencia en esa situación. No tengas ningún sentimiento de culpa por el incidente. Sin embargo, es importante que le perdones.

Pregunta: Me gustaría, pero soy incapaz de perdonarlo y dar el primer paso. Cuando siento que mi corazón me dice que lo perdone, mi mente lo rechaza. Mi mente dice: "¿Por qué vas a perdonarlo? La falta fue suya, por tanto que sea él el que se arrepienta y pida perdón.

Amma: Hijo, ¿deseas realmente resolver esta situación?

Pregunta: Sí, Amma. Quiero hacerlo, y quiero contribuir a curarnos a mi hijo y a mí.

Amma: Si lo deseas de verdad, no escuches nunca a tu mente. La mente no puede curar ni resolver situaciones de este tipo. Al contrario, la mente las agravará y te confundirá más.

Pregunta: Amma, ¿qué me aconsejas?

Amma: Tal vez Amma te diga algo que no deseas oír. No obstante, Amma puede decirte lo que te ayudará de verdad a sanar la situación y a que haya paz entre tu hijo y tú. Ten confianza y las cosas se irán arreglando poco a poco.

Pregunta: Dime qué tengo que hacer, por favor. Procuraré hacer lo que digas lo mejor que pueda.

Amma: Lo hecho, hecho está. Ante todo tienes que creer y aceptar eso. A continuación, confía en que tras la causa conocida había también una causa desconocida que provocó la cadena de acontecimientos de aquel día. Tu mente no quiere transigir y sólo desea culpar a tu hijo de todo lo sucedido. Bien. Respecto a aquel incidente en concreto, puede que la culpa fuera suya. No obstante…

Pregunta: (ansioso) Amma, no has terminado lo que ibas a decirme.

Amma: Permite que Amma te haga una pregunta. ¿Has sido respetuoso y cariñoso con tus padres, con tu padre en particular?

Pregunta: (mirando un poco asombrado) Con mi madre sí, he tenido una maravillosa relación… pero con mi padre, la relación fue terrible.

Amma: ¿Por qué?

Pregunta: Porque era muy estricto y me resultaba muy difícil aceptar su forma de ser.

Amma: Y, desde luego, algunas veces te mostraste muy grosero con él, hiriendo sus sentimientos. ¿No es así?

Pregunta: Sí.

Amma: Eso significa que lo que le hiciste a tu padre te vuelve ahora a ti a través de las palabras y las acciones de tu hijo.

Pregunta: Amma, confío en Tus palabras.

Amma: Hijo, ¿sufriste mucho por la tensa relación que tuviste con tu padre?

Pregunta: Sí, desde luego.

Amma: ¿Lo perdonaste alguna vez y mejoraste aquella relación?

Pregunta: Sí, pero sólo unos días antes de su muerte.

Amma: Hijo, ¿quieres que tu hijo soporte el mismo sufrimiento y que sea tan desdichado como tú?

El hombre se puso a llorar mientras movía la cabeza y decía: "No, Amma, no… nunca".

Amma: (acercándolo a Ella) Entonces perdona a tu hijo, porque ese es el camino para la paz y el amor.

El hombre se sentó al lado de Amma y meditó un buen rato. Cuando se levantó, se despidió con estas palabras: "Me siento muy tranquilo y relajado. Voy a encontrarme con mi hijo lo antes posible. Gracias Amma. Muchísimas gracias".

Darshan

Pregunta: ¿Cómo debería acercarse la gente a ti para recibir un darshan más intenso?

Amma: ¿Cómo sentimos más intensamente el perfume y la belleza de una flor? Mostrándonos totalmente abiertos a la flor. Si tuvieras la nariz taponada, dejarías de percibir su fragancia. De forma parecida, cuando tu mente está bloqueada con ideas preconcebidas y juicios de valor, te pierdes el darhsan de Amma.

Un científico observa una flor como objeto de experimentación; un poeta como un motivo de inspiración. Un músico le canta a la flor, y un médico naturista verá en ella la fuente de una medicina eficaz ¿no es así? Para un animal o un insecto, no será más que comida. Ninguno de ellos ve la flor como una flor, en su totalidad. Del mismo modo, la gente tiene distintas naturalezas. Amma recibe a todos por igual, les da la misma oportunidad, el mismo amor, el mismo darshan. No rechaza a nadie, pues todos son Sus hijos. Sin embargo, en función de la receptividad de cada persona, el darshan será distinto.

El darshan siempre está ahí. Es una corriente interminable. Sólo tienes que recibirla. Si puedes apartarte totalmente de la mente por lo menos un segundo, recibirás el darshan en toda su plenitud.

Pregunta: En ese sentido, ¿reciben todos Tu darshan?

Amma: Depende de lo abierta que esté la persona. Cuánto más abierta, más darshan recibirá. Aunque no completamente, todos reciben un vislumbre.

Pregunta: ¿Un vislumbre de qué?

Amma: Un vislumbre de lo que realmente son.

Pregunta: ¿Significa eso que también reciben un vislumbre de lo que realmente eres Tú?

Amma: La realidad en ti y en Amma es la misma.

Pregunta: ¿Cuál es?

Amma: El gozoso silencio del amor.

No creer, sino confiar

Periodista: Amma, ¿cuál es Tu propósito al estar aquí, en este planeta?

Amma: ¿Cuál es el tu propósito en este planeta?

Periodista: Me he fijado unas metas en mi vida. Creo que estoy aquí para cumplirlas.

Amma: Amma también está aquí para cumplir ciertas metas que son beneficiosas para la sociedad. Sin embargo, a diferencia de ti, Amma no sólo cree que se conseguirán esas metas, sino que tiene plena confianza en que se lograrán.

AUM TAT SAT